New
住まいの
ライティング

近田 玲子 監修

ルーシー・マーティン 著

田中 敦子 訳

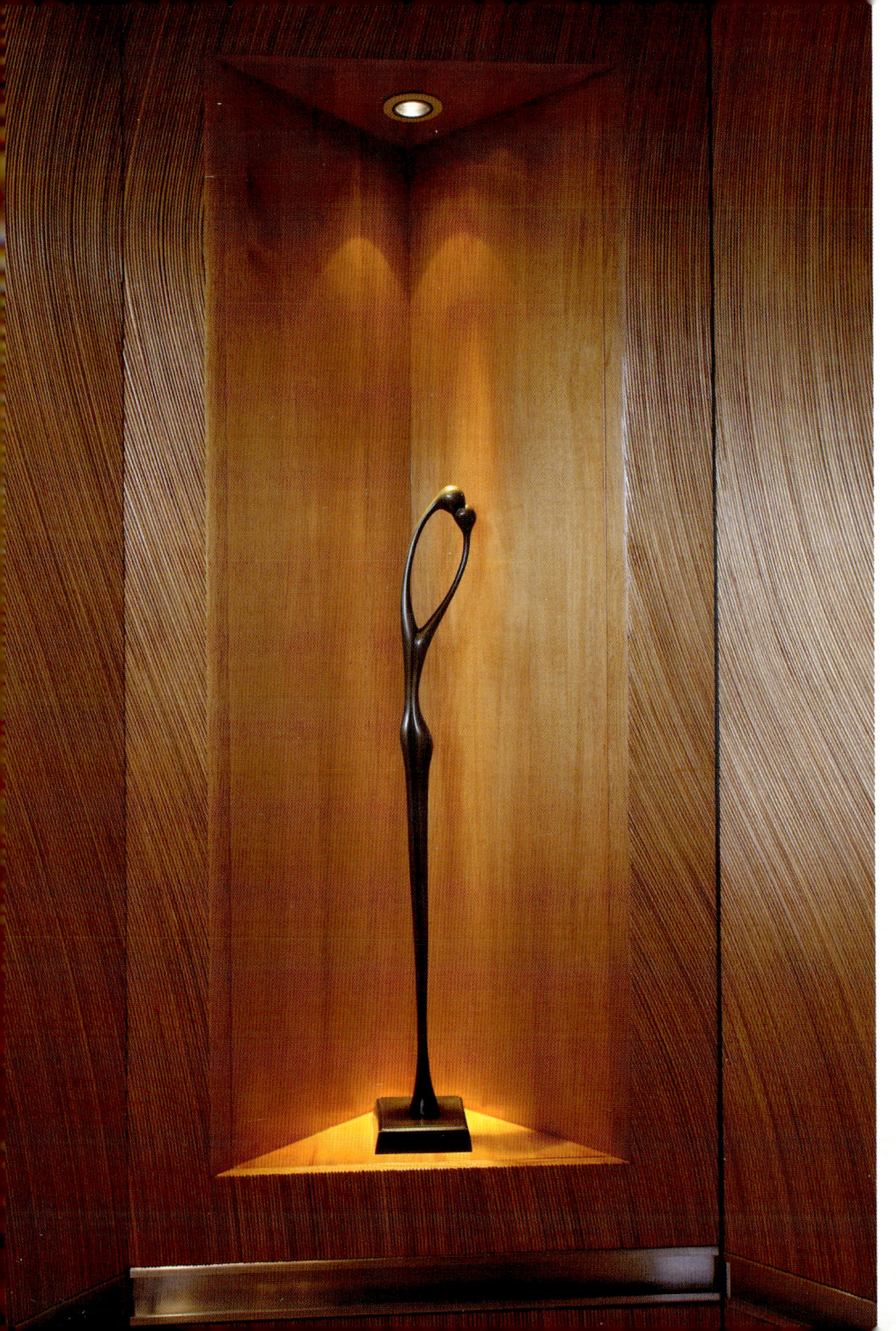

監修者序文

　著者は、デザインと経済分野のジャーナリストとして活躍した後に、照明デザインの道に入りました。そしてデザイン・ディレクターとして多くのプロジェクトを手がけ、デザイン教育にも携わるかたわら、この本を著しました。

　この本を手にした読者はまず、日本の住宅照明との違いに戸惑うかもしれません。平均照度がどれくらい必要かなど、どこにも書いてないからです。床面を明るくする照明ではなく、壁面を明るくする、ニッチに小さな光でアクセントをつける、暖炉の縁を照らすなど、間接照明で天井や壁に明るさを感じる光を沢山使っていることに気がつくことでしょう。デザイン・ジャーナリストだった経験からでしょうか、まず基本的な照明デザインを知り、その上で住む人それぞれの個性を出そうという姿勢が各所に貫かれています。読み進むに従って読者は、住宅のすべての場所の照明をどのように計画したら良いか、細部にわたり具体的に知ることができます。

　照明デザイナーである私自身も、光のあり方をどう伝えたら相手が理解しやすいのか教えられました。例えば、テーブルスタンドにはどんなランプがふさわしいかという項目では、白熱灯、コンパクト蛍光灯、LEDに替えた時の光の色や広がり方の違いを写真で比較して、光の質の違いが一目で理解できるように工夫しています。照明デザイナーとして主張したい光の質を、視覚的な表現で客観的に示すことが、どんな言葉よりも明快に読者に伝わることを熟知しているのです。この姿勢はまた、やってはいけないこと、やるべきことと分けて書いてあるコラムの中でも明確に記されています。スパイラルバインディングの体裁に助けられ、256ページもの厚い本でありながら、読みたいページを開けたままデザイン作業を続けられることも、この本を利用する方々にはうれしい配慮でしょう。

照明デザイナー　近田 玲子

First published by Apple Press
in the UK in 2010
7 Greenland Street
London NW1 0ND
www.apple-press.com

Copyright © 2010 Quarto Publishing plc

All rights reserved. No part of this publication may be reproduced, stored in a retrieval system, or transmitted in any form or by
any means, electronic, mechanical. photocopying, recording
or otherwise, without the prior permission of the publisher.

Colour separation by PICA Digital Pte Ltd, Singapore
Printed by Midas Printing International Ltd, China

目次

PART 1

PART 2

PART 3

PART 4

PART 5

監修者序文 3　　本書の構成について 6　　はじめに 8

パート1：基礎知識 12
- 光を理解する **14**　　- 部屋ごとのニーズに合わせて **16**　　- 光源選び **22**
- 省エネルギー照明 **26**　　- 光源の位置決め **28**　　- 光源を重ねて **30**
- 既存の照明プランに光を重ねて **38**　　- 照明層を使い分ける **40**　　- 光源のコントロール **42**

パート2：今あるものを最大限に生かす 46
- 自然光を取り入れる **48**　　- 電球を替える **52**　　- シェードを替える **54**
- コンセント差し込み方式を活用する **58**　　- 色彩を取り入れる **60**

パート3：優れたライティングの原則 62
- 埋込型の固定式ダウンライト **64**　　- 埋込型のアジャスタブルダウンライト **70**　　- 直付型照明 **76**
- 配線ダクト照明 **82**　　- ストレッチワイヤー照明 **86**　　- 壁付アッパー/ダウンライト **90**
- 床埋込型アッパーライトと壁埋込型フロアウォッシャー **96**　　- 間接照明 **102**　　- コープ照明とコファー照明 **108**
- スロットとニッチの照明 **114**　　- 鏡まわりの照明 **118**　　- タスク照明 **124**　　- 特殊効果照明 **128**

パート4：装飾照明 134
- ペンダント **136**　　- シーリングライト **144**　　- ブラケット **146**　　- フロアスタンド **150**
- テーブルスタンド **154**　　- デスクランプ **162**　　- キッズ照明/ユニーク照明 **164**
- ピクチャーライト **166**　　- エクステリア照明 **168**

パート5：住まいの中で 170
- 正面玄関とポーチ **172**　　- エントランスと廊下 **174**　　- 階段と踊り場 **178**　　- リビングルーム **184**
- キッチン **188**　　- ダイニングルーム **192**　　- オープンプランのリビング **196**　　- 子供部屋 **200**　　- ホームオフィス **202**
- ソインセフー **206**　　- ホームシアター **208**　　- 化粧室 **212**　　- 寝室 **214**　　- バスルーム **218**
- ホームジム **224**　　- スイミングプール **226**　　- コンサバトリー（ガーデンルーム） **230**　　- 屋外スペース **234**　　- ちょっとしたスペース **240**

- 用語集 **246**　　- 参考 **247**　　- サプライヤーリスト **247**　　- 索引 **251**

本書の構成について

光源を吟味して選ぶことが、かつてないほど重要になっています。
優れた照明は室内装飾を引き締め、全体に統一感を与えます。
とはいえ、いったいどこから手をつければいいのでしょう?
本書では5つのパートにわたり、照明デザインに必要なテクニックとノウハウを解説し、
照明プランを立てる際の判断基準となる美的ポイントを部屋別に示していきます。
各パートには、バラエティに富んだ照明器具と照明プランの実例写真も豊富に掲載しました。
きっとさまざまな選択に役立つ情報が見つかるでしょう。

パート1:基礎知識

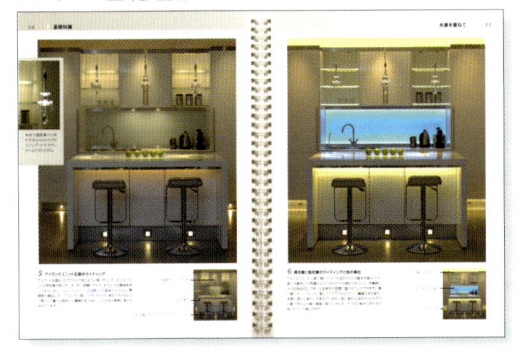

パート1では、ごく一般的な光源のタイプ —— 一般電圧用電球、ローボルト(低電圧)電球、LED、蛍光灯 —— の基本的な違いを解説します。各種光源の効果や特性がわかれば、その知識を生かして部屋の用途に合わせた照明プランを立てることができます。また、光を重ねてコントロールすることで深みと質感と表情を空間に与えるコツもつかめてきます。

パート2:今あるものを最大限に生かす

予算をあまりかけなくても住まいの照明は改善できます。このパートには、専門業者の手を借りずに、今あるものを最大限に生かすアイデアがぎっしりと詰まっています。電球の交換、自然光の利用、差し込み式ライトの導入、ランプシェードのデザインや色や素材の変更、カラーライティングの採用や調光など、自分でできる工夫はたくさんあります。

パート3：優れた照明デザインの原則

照明デザインを一から手がけるという願ってもない機会に恵まれたら、参考になるのがこのパートです。照明の原則にもとづいて素敵なプランを立てていく時の参考になるでしょう。ここでは、主な照明器具や光源の選び方をはじめ、シチュエーション別の効果的な照明法についてもアドバイスしていきます。

パート4：装飾照明

照明器具の機能はじつに幅広く、空間を明るく照らすだけにとどまりません。室内装飾の要となる照明器具は、空間に強いインパクトを与え、部屋のスタイルを大きく左右します。また、照明プランに自分らしさを添える絶好のツールにもなります。パート4ではさまざまな趣味や要望を満たすよう、照明器具を用途別・スタイル別に美しくディスプレイして紹介しています。照明のギャラリーをのぞけば、器具選びのヒントが見つかるでしょう。

パート5：住まいの中で

最後のパートでは、住まいのさまざまな空間に、これまでの内容を取り入れていく方法を解説します。建築化照明と装飾照明を組み合わせることで、落ち着いた雰囲気や人目を引く照明効果が生み出され、インテリアの魅力が一段とアップします。部屋ごとに実例を紹介しているので、「夢の住まい」づくりの参考になるでしょう。

はじめに

明かりは暮らしの中でとても重要な役割を果たしていますが、そのことが意識されることはほとんどありません。照明を替えるだけで、部屋の印象ががらりと変わります。ごくシンプルな照明プランでさえ、驚くほどドラマティックな効果を及ぼします。住まいを照らす明かりのデザインは室内装飾と同じくらい重要です。しかし、装飾デザインに時間とエネルギーをつぎ込む人は多くても、照明プランに時間をかける人はまだまだ少ないようです。

光のマジック

光はとらえどころがなく、明かりの設置場所や周囲のオブジェによってさまざまに変化します。そのため光の効果を判断するのは容易ではありません。しかし見方を変えれば、それこそが光のマジックともいえるのです。器具や電球は同じでも使い方や設置場所によって、異なる照明効果が生まれます。たとえば、部屋の中央にダウンライトを1灯つけただけではインパクトに欠けますが、壁のニッチに取りつければ印象がぐっと引き立ちます。

次世代の照明

光源は進化しつづけています。省エネルギー志向の高まりとともに、発光ダイオード (LED) やハイブリッド光源などの新たな光源が開発され、赤外線反射膜を

コーティングしたダイクロイックミラー付きMR16電球（ローボルトスポットライト）など、既存の光源を改良したランプも続々と誕生しています。

エネルギー効率が高く、経済的で、取りつけも簡単な蛍光ランプが、再び人気を集めています。改良が進んだ結果、さまざまな光色（温白色、冷白色、昼白色など）の蛍光ランプが出回るようになり、実用的な光を加えたい時に重宝する光源となりました。特に、調光器と併用できるように改良された蛍光ランプは、地球と財布に優しい明かりを住まいに届けています。

一般的にメタルハライドランプは、家庭での使用にはあまり向いていないと考えられてきました。この光源はスイッチで点灯と消灯はできますが、調光はできません。しかし、エネルギー効率も輝度も高く、クラシカルな白い光を発するので、光が大量に必要とされる場所──建物の外観や大きな樹木のライトアップなど──には最適です。現在では、家庭での使用にさらに適した調光可能な新型メタルハライドランプが次々と開発されています。

少し前までは標準タイプのローボルト電球が、コンパクトでありなが らパワフルに発光することから、画期的な光源として注目されていました。この光源も、今では「IRC（赤外線反射膜コーティング）」という形で「エネルギー効率のさらに高い光源へと改造」されつつあります。この反射膜コーティングは肉眼では見えませんが、これにより各種ランプのエネルギー消費量を最大で35％も抑えることができます。

いっぽう、将来的に最もひろく使われる省エネ光源になるとほぼ確実に予想されるのが、LEDと有機発光ダイオード（OLED）です。

LED革命は、高いエネルギー効率を維持しながら、素敵な照明プランを実現する新たなツールを持ち家のオーナーたちに提供しています。黎明期の灰色がかった冷たい光色から、より温かみのある光色（タングステンハロゲンランプの明かりに近い光色）に進化したおかげで、LEDはタングステンハロゲンランプに代わりうる実用性の高い光源として使われ始めています。小型でありながら、サイズの割には発光効率の高いLEDは、住宅市場にとって理想的な照明ツールとなっています。現時点では、輝度の低い表示灯や小型のアッパーライトに使用されることの多いLED光源ですが、テープのように薄くコンパクトなリニ

ドラマティックな照明
手の込んだことをしなくても、
空間を照明でドラマティックに演出できます。
たとえばこのニッチ。
シンプルなダウンライトひとつで
空間に奥行きと質感が加わり、一輪の花が
アート作品に生まれ変わります。

はじめに

アLEDストリップは、建物構造にすっきりと手軽に組み込めるので、家具やキッチンのデザインを大きく変えていくでしょう。

蛍光ランプと同様に、LED光源の多くは調光可能ですが、明るさを落としても光色を変える(温かい色にする)ことはできません。しかし最先端のタイプの中には、人気の高いタングステンハロゲンスポットライトの照明効果を模倣して、調光によって光色が変えられる画期的なデザインもあります。

エネルギー効率が高く、しかも調光によって光色を変えられる天井埋込型LEDスポットライトは、エネルギー消費の高いタングステンハロゲン電球の実用的な代替品として、家庭用照明市場に初めて登場した光源です。

「新旧」の光源と照明の知識を組み合わせれば、省エネ効果が高くメンテナンスも簡単で、ムードのある照明デザインを実現しやすくなるでしょう。

あらゆるニーズに応えて

照明の形状や大きさ、機能によって、部屋の雰囲気は見違えるほど変化します。「優れた照明プランの基本」を参考にして、広々としたオープンプランの空間や、質感豊かな癒しの空間を設計していきましょう。ヴィコ・マジストレッティの「アトッロ」ランプ(左)のようなクラシカルなデザインや、マスモス社アドゥキのビーンズ型LEDライト(下)などの近未来的デザインを取り入れて住まいをリフレッシュさせましょう。

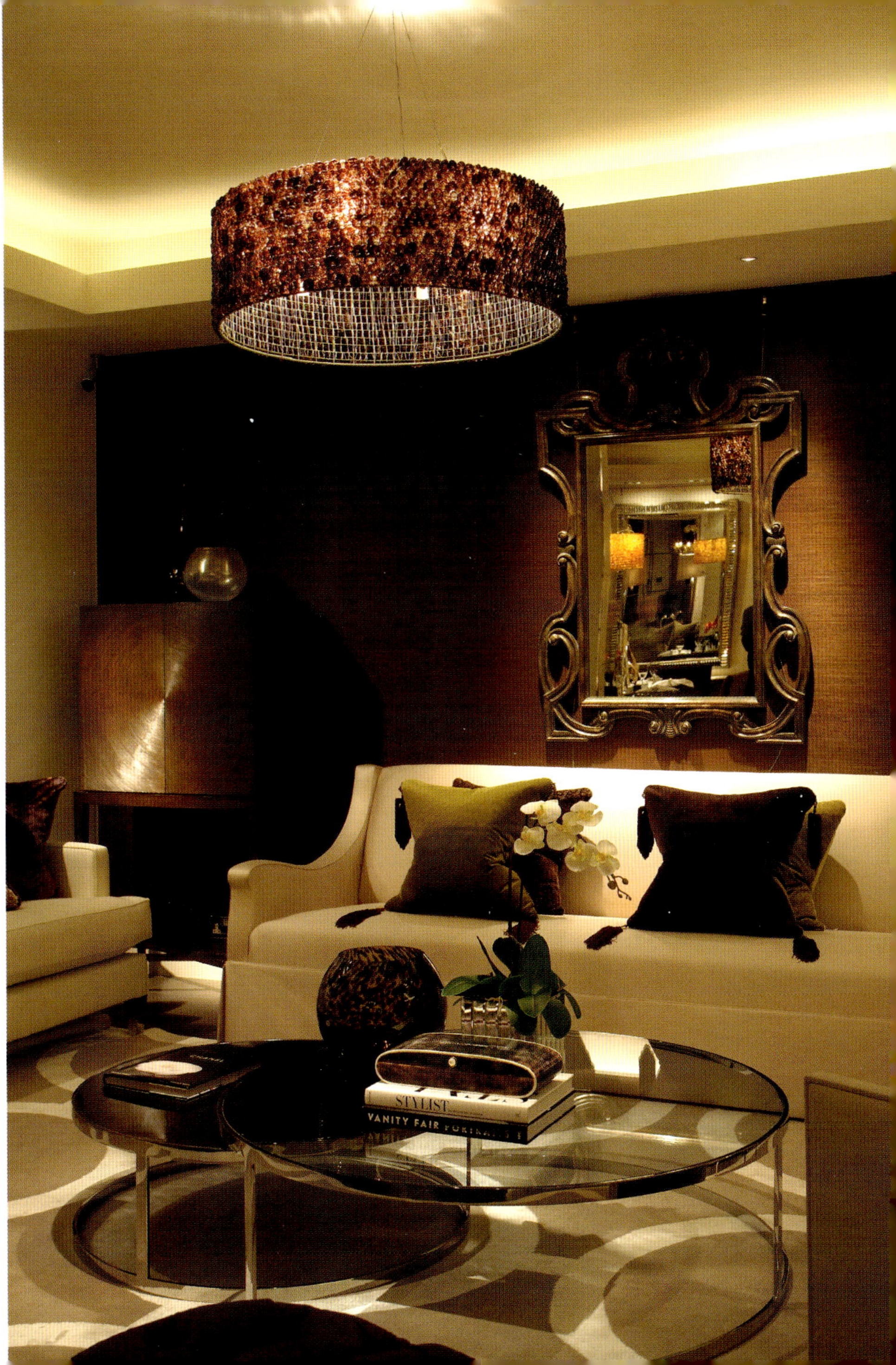
STYLIST
VANITY FAIR

パート1 基礎知識

- 光を理解する
- 部屋ごとのニーズに合わせて
- 光源選び
- 省エネルギー照明
- 光源の位置決め
- 光源を重ねて
- 既存の照明プランに光を重ねて
- 照明層を使い分ける
- 光源のコントロール

このパートでは、「優れたライティングの原則」と「光源の種類」を紹介します。電球にはさまざまなタイプがあります。各電球の特性を理解し、それらが質感の異なる場所（壁や床など）にどのような影響を与えるのかを把握することで、効果的な照明プランを立てていくことができます。優れた照明プランを実現するには、光源を正しく選び、選んだ光源を最も効果的な場所に設置しなければなりません。さらに他の光源とうまく組み合わせて、重層的な照明にすることでフレキシビリティを高めます。最後に、光をコントロールすることでメリハリの利いた、使い勝手のいい照明に仕上げていきます。

基礎知識

光を理解する

目には見えるけれど、触れることもつかむこともできないものを、どうすれば理解できるでしょう？ 光には光源から直接照射される光（直接光）と、物体や表面に当たって反射する光（間接光）の2種類があります。

人間の目は空間の中で最も明るいポイントにつねに引きつけられるので、光を活用すれば、狭い空間を広く見せることができます。さらに光源を適切な位置に取りつけることで、ドラマティックな効果を生むことも可能です。たとえばマントルピースの上の絵を照明すれば、そこに描かれたものがいっそう引き立つでしょう。

反射を利用する

使用する光源のタイプと位置を決めたら、「光は直進する」ことを今一度思い出してください。プレイルームやホームオフィスなどに、むらのない均一な光が欲しい場合は、アッパーブラケットか、高いユニットの上に取りつけた間接照明を使えば、光を天井に当てて拡散させることができます。

光が鏡に反射するとき、光の入射角と反射角は鏡面に対して同じ角度になります。この原理は、たとえばバスルームミラーの照明で、顔面に光を均一にあてたい場合のポイントとなります。固定式のダウンライトで光を真下に照射するのではなく、照射方向が調整できるアジャスタブルスポットライトで、光を鏡にいったん当てて反射させることで、顔面に光がよく当たります。

陰影も大事

インテリアの照明を成功させるには、光だけでなく陰影も重要です。影のない部屋はまるで「漂白」されたような印象を与え、質感にも乏しくなります（ただしオフィス空間などでは、均一な光が必要な場合もあります）。視線を集めたいポイントを照らすように光源を配置して、空間に光のメリハリをつけることで、味わいや雰囲

直接的なアプローチ
オブジェの真上に光が当たるようにダウンライトを設置。球体上部を照らす強い光が、下部の陰影とコントラストを成しています。

天井埋込型
ダウンライト

光を理解する | 15

光とムード

人の心理状態は光の影響を受けやすいことを頭に入れておきましょう。たとえば、リビングのランプの明かりのように、落ち着きを与える心地よい光もあれば、キッチンの明るい光のように、人を活動的にする生き生きとした光もあります。つまり、光には人の気分を変えるパワーがあるのです。部屋の照明で迷ったら、在室者にどんな気分で過ごしてもらいたいのかをイメージするといいでしょう。

◀奥行きを持たせて
絵画と蘭の花をくっきりと浮かび上がらせるミニダウンライト。ニッチにライトをつけることで、ディスプレイされたオブジェに視線を引きつけて、狭いバスルームに広がりを持たせています。

隠れた演出
オブジェの後ろに設置したフロアアッパーライト。影絵のようなシルエットが、心が安らぐフォーカルポイントとなって空間に深みを与えています。

隠れた
アッパーライト

最大のインパクト
壁から適度に離して(オブジェの前方に)設置した2灯のアジャスタブルスポットライト。降り注ぐ光がオブジェをフラットに照らしています。

天井埋込型の
アジャスタブル
スポットライト

気が醸し出されます。

| 基礎知識

部屋ごとの
ニーズに合わせて

手元が見えないと作業ができないので、実用的な照明はほぼどの部屋にも必要になります。とはいえ、最適な照明のタイプは、それぞれの部屋の用途で決まります。各部屋の魅力を最大限に引き出す方法についてはパート5で詳しく述べるので、ここでは住まいの主な空間について、照明の原則を紹介していきます。

まずは部屋の用途をじっくりと考えてください。そこは作業用の明かりが大量に必要になる実用的なスペースでしょうか、それとも人々が談話したり、くつろいだりするための部屋でしょうか？　部屋の用途に即した照明プランを立てていきます。

■ 玄関ホールには温かく出迎えるような雰囲気が必要です。ペンダントかテーブルスタンドかブラケットを使えば、ぬくもりのある表情が生まれます。

■ リビングルームで効果を発揮するのが、さまざまな照明を組み合わせる重層的な照明です。これなら時間帯ごとに部屋の使用目的が変わっても柔軟に対応できます。天井に埋め込んだライトで鏡やアート作品を照らしてフォーカルポイントをつくれば、視線が部屋の周辺に引きつけられて、空間に広がりが生まれます。夜にブラインドやカーテンを閉めると、窓まわりが暗いデッドスペースになってしまいますが、照明を施すことで問題が解消されます。テーブルスタンドなどのスタンダードなランプは、くつろぎ感を演出する必須アイテムです。大きめのスタンドをなるべく数少なく使うのがベストでしょう。

■ 住む人が多くの時間を過ごすキッチン。ランプやブラケット、フォーカルポイントになる明かり（小ぶりの

ペアでお出迎え
鏡を縁取るように配された2灯の背の高いテーブルスタンド。優しい歓迎の明かりで玄関ホールを温かみのある雰囲気に。天井に埋め込まれた2灯のダウンライトが1階の踊り場と、廊下奥のテーブルの花々に光を投げかけて、視線を引きつけています。

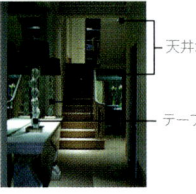

― 天井埋込型ダウンライト

― テーブルスタンド

部屋ごとのニーズに合わせて | 17

光を重ねて

光を重ねることで、リビングがおだやかで心地よい雰囲気に。梁の上のスポットライト（写真では見えない）が天然石を洗うように照らして、石壁の色合いとテクスチャーを際立たせ、壁のブラケットが部屋の中間あたりを明るく照らし、ペアのランプが存在感のある石壁を額のように縁取り、テーブルスタンドがソファーを温かい光で包んでいます。

正面の壁を縁取る大きなランプ

壁を照らす梁の上のローボルトスポットライト

おだやかな光を放つソファー横のテーブルスタンド

中間光に最適なブラケット

| 基礎知識

ペンダントや人目を引くペンダントなど）を使うと、空間の表情がぐっと豊かになります。なるべく機能的に使いたい場所でもあるので、天井の適切な場所にダウンライトを埋め込んで、むらのない均一な光を届けるようにします。そうすれば作業している手元に自分の影が落ちることもありません。

■ ダイニングルームは、床と天井の中間あたりに照明を施すのが原則です。テーブルスタンドの他にもブラケットやピクチャーライトがよく使われます。テーブルまわりにはアジャスタブルスポットライトやペンダントを別々に、あるいは組み合わせて使うことで、十分な明るさを確保できます。ガラスのシャンデリアとローボルトスポットライトで明かりを交差させれば、光の反射が増えて、きらめくような印象に。

■ 基本的に寝室はほのかな明かりで十分ですが、掃除や旅行の荷作りなどの作業には適度な明るさが必要になります。この明かりはブラケットとダウンライトを組み合わせることで補うことができます（こうし

天井埋込型ダウンライト
壁のブラケット

ミニスポットライト
ウォールライト

▲エレガントな機能美
アイランドカウンターにむらのない均一な光を届ける天井埋込型スポットライト。アジャスタブルなので、食事の支度に適した機能的な明るさが確保できます。

▶くつろぎのダイニング
ダイニングルームにくつろいだ雰囲気を添えるスタイリッシュなウォールライト。奥の壁を光の額縁に入れて、平板で無表情な壁面をぐっと引き締めています。夜になると暗く陰気になりがちな天窓も、半埋込型のミニスポットライトで窓ガラスをライトアップすれば、光あふれる華やかな印象に。

部屋ごとのニーズに合わせて 19

| 基礎知識

た明かりなら減光すれば、落ち着いた雰囲気になります)。寝室の照明のポイントはベッドサイドの読書灯です。壁付けのフレキシブルなLEDライトやベッドサイドの大きなテーブルスタンドなどを取りつけるといいでしょう。

- バスルームには、空間がよく見えるような機能的でむらのない光が必要ですが、浴室がリラクゼーション空間になりつつある今、ムードのある照明も欠かせません。ニッチに照明をつけたり、低い位置の床照明にすることで、通常はどちらのニーズも満たされます。
- プレイルームには、白熱灯のアッパーライトかアッパー/ダウンブラケットで明るく均一な光を届けます。調光器をつけておけば明るさを調整できるので、フロアスタンドやテーブルスタンドを置かなくて済みますし、床やテーブルにランプを置かないほうが小さな子供には安全です。
- ユーティリティルームに最適なのがエネルギー効率の高い照明です。明るくすがすがしい光色のコンパクト型蛍光ランプのブラケットや、作りつけのユニット上に取りつけた昼白色の蛍光灯を使えば、作業に必要な明かりが得られます。
- 書斎やホームオフィスには、作業に適したタスク照明(視作業をおこなうために施す局部照明)が不可欠です。デスクが部屋の中央に置かれている大きな書斎では、コードが邪魔にならないようにデスクランプ用のフロアコンセントを適切な位置に取りつけます。棚の中にライトを設置すれば、部屋全体が明るくなり、空間を広く見せることができます。デスクエリアがコンパクトな場合は、タスクランプを壁付けにするか、デスクの上の棚下灯を使うと空間がすっきりします。

アジャスタブルスポットライト

肩の凝らない贅沢

この落ち着いた寝室では、減光した天井埋込型スポットライトがシルクのヘッドボードを浮かび上がらせています。調光器でライトを100%点灯すれば、クローゼットの中まで照らす実用的な明かりに。

部屋ごとのニーズに合わせて　　21

ダウンライト

LEDストリップライト

宝石をちりばめたような至福の空間

ニッチの中のライティングがソフトな補助照明となって、バスルームが黄昏のようなノスタルジックな雰囲気に。鏡を背後から照らすLEDストリップライト——狭いスペースにはうってつけの照明——でモダンな印象も添えて。

アッパーライト　　ダウンライト

眼福のひととき

隠れた光源を使って、バスルームを極上のリラクゼーション空間に。床に埋め込んだアッパーライトが建築のディテールを立体的に浮かび上がらせています。ニッチの中のダウンライトでオブジェも美しくディスプレイ。

// 基礎知識

光源選び

光源の種類はバラエティ豊かで、さまざまなタイプのものが出回っています。光源によっては、光束(多くの場合「ルーメン」という単位であらわされます)、光色、寿命、エネルギー効率などがわかりにくいものもあるため、ある程度の専門知識が必要になります。

▶色温度とは
可視光線の指標のひとつで、ケルビン(K)という単位であらわされる。5,000K以上の色温度は寒色系と呼ばれ、3,000K未満の色温度は暖色系と呼ばれる。

光源の種類

このセクションでは、主な光源のタイプ——照明デザインの初心者であれば押さえておきたい基礎知識——を紹介していきます。省エネタイプの照明については26-27ページで詳述します。

販売禁止電球

欧州連合(EU)では省エネルギー規制の一環として、幹線電圧用の艶消しタングステン電球と100W以上の透明白熱電球の販売が禁止されています。これにより、やわらかな光と繊細な陰影を手軽につくることができなくなりました。

白熱ランプ

最近までは、この幹線電圧用の白熱ランプが世界中でよく使われていました。調光によって、温かくて落ち着いた雰囲気の光にすることができます。ワット数、口金のタイプ、サイズにはそれぞれいくつかの種類があります。製造コストが安く、価格も比較的安価。テーブルスタンドやフロアスタンド、ペンダントなどによく使われます。ただし白熱ランプの場合、消費電力の90%近くが可視光ではなく熱として放出されます。また、通常はおよそ2,000時間の使用で交換しなければなりません。

白熱ランプと蛍光ランプの出力比較

白熱ランプ	蛍光ランプ	最小光束
40ワット	9〜13ワット	415ルーメン
60ワット	13〜15ワット	800ルーメン
75ワット	18〜25ワット	900-950ルーメン
100ワット	26〜30ワット	1,340ルーメン

白熱ランプ

一般的に白熱電球は口金の付いた状態で販売されています。

普通電球　省エネタイプのハロゲン電球　スポットライト　シャンデリア電球　フリッカーキャンドル電球　スクイレルケージ電球

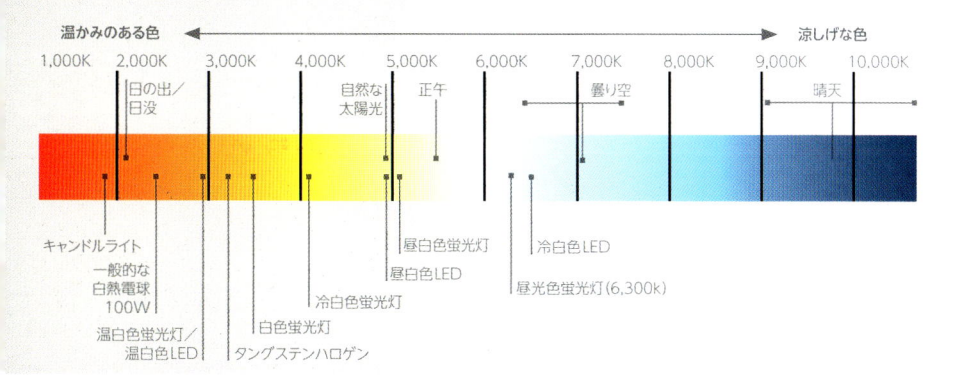

光源選び 23

温かみのある色 ←―――――――――――――――――――――――→ 涼しげな色

| 1,000K | 2,000K | 3,000K | 4,000K | 5,000K | 6,000K | 7,000K | 8,000K | 9,000K | 10,000K |

- 日の出／日没
- 自然な太陽光
- 正午
- 曇り空
- 晴天

- キャンドルライト
- 一般的な白熱電球 100W
- 温白色蛍光灯／温白色LED
- 白色蛍光灯
- タングステンハロゲン
- 冷白色蛍光灯
- 昼白色LED
- 昼白色蛍光灯
- 冷白色LED
- 昼光色蛍光灯 (6,300k)

蛍光ランプ

エネルギー効率の高い光源の需要が高まるにつれて、蛍光ランプの人気も再燃しつつあります。コンパクト型蛍光灯 (26ページ参照) と直管形蛍光灯は、消費電力が少なく、出力光量が大きいという点で、どちらもエネルギー効率に優れています。家庭で使われている一般的な蛍光ランプでは、熱として放出されるのは消費電力のおよそ30%だけなので、標準的な白熱電球よりもはるかに発熱量が少なく、エネルギー効率が高いといえます。直管形蛍光灯は、しかるべき装置と併用すれば調光できますし、最近では調光可能なコンパクト型蛍光灯も販売されています。

ワットからルーメンまで

これまで電球の「強さ」をあらわす標準単位として「ワット」が使われてきましたが、現在では徐々に「ワット」よりも「ルーメン」が使われるようになっています。以下に、主な光源についてワットからルーメンへの換算表を記します。

白熱電球		蛍光ランプ		コンパクト型蛍光灯		リニアハロゲン	
ワット	ルーメン	ワット	ルーメン	ワット	ルーメン	ワット	ルーメン
40	415	14	800	11	900	100	1,600
60	710			18	1,200	150	2,500
100	1,340			26	1,800	200	3,500
				42	3,200		

色の効果

蛍光ランプには、温白色、昼白色、白色などの光色があります。洋服ダンスやクローゼットの中を照らしたい時は、昼白色のランプを使えば、黒と濃紺と茶色の服をはっきりと見分けられます。また、蛍光ランプにカラージェルスリーブ (60ページ参照) を装着すれば、お金をかけずにドラマティックな色のスパイスを照明プランに加えることができます。

蛍光ランプ

スタンダードな蛍光管

コンパクト型蛍光灯
省エネタイプのコンパクトな電球型蛍光灯が、普及しつつあります。詳しくは26-27ページ参照。

片口金形と両口金形ハロゲン（リニアハロゲン）

片口金形・両口金形ハロゲン電球は、一般的にアッパーブラケットに使われます。細長いタングステンフィラメントにハロゲンガスを封入して、白みの強い光を出すようにしているので、反射光を広い範囲に拡散させたい場合には最適な光源です。蛍光管とは違い、調光して明かりを落とせば、雰囲気のあるソフトな光を空間に届けることができます。プレイルームやホームオフィス、キッチンなどに最適で、省エネタイプのものも出回っています。

ローボルトハロゲン

ローボルトハロゲン電球の使用にはトランス（変圧器）が必要になります。一般的なタイプは、白熱電球よりもさわやかな光を発します。ローボルトハロゲン電球には、影のできにくい拡散光を発するタイプと、シャープでくっきりとした細い光線を発するタイプがあり、アクセント照明と全般照明のどちらにも使えます。一般的に質の高い電球は、寿命が長く（およそ5,000時間）、安価なものよりも演色性に優れているので、コストに見合うだけのメリットがあります。ローボルトハロゲンランプのビーム角（配光角）は10～60度まであり、こうした電球をうまく使えば、住まいのさまざまな照明用途を満たすことができます。また、ソフニングレンズやサンドブラストレンズ、リニアレンズを使って、光のくっきりとした輪郭を「拡散させ」たり「ぼかし」たりして、ソフトに見せることも可能です（67ページ参照）。

一般電圧用ハロゲン

同じワット数で比較すると、一般電圧用ハロゲン電球の光は、スタンダードな白熱電球のそれよりも明るいですが、エネルギー効率はスタンダードな白熱電球と同じでそれほど高くありません。ランニングコストも販売価格も比較的高く、発熱量が多いのが特徴です。調光可能で、ビーム角にはさまざまなタイプがあります。このようにデメリットがいくつかあるため、一般電圧用ハロゲン電球は今後、より経済的な光源に取って変わられる可能性があります。

両口金形ハロゲン

76mm (31/8in)
両口金形ハロゲン

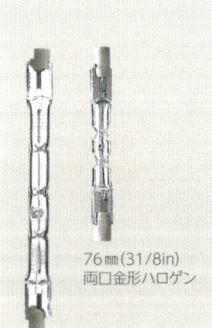

117mm (411/16in)
両口金形ハロゲン

ローボルトハロゲン

一般MR16
ダイクロイック
ミラー付き電球

ブラックバック
MR16ダイクロ
イックミラー付き
電球

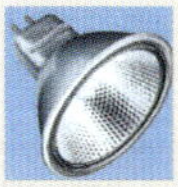

シルバーバック
MR16ダイクロ
イックミラー
付き電球

アルミニウム
リフレクター
ハロゲン

オープンフロント
MR16ダイクロイック
ミラー付き電球

一般電圧用ハロゲン

一般電圧用
ハロゲン電球*

*日本では
スクリュータイプの
口金が多い

光源選び　　25

次世代型光源

有機EL (OLED)は、電流を流すと発光する有機分子の薄膜で構成される発光装置です。現時点では、主に電子機器の超薄型ディスプレイに使われています。従来のLEDよりも消費電力がはるかに少なく、次世代型の光源として大きな可能性を秘めています。

LED

さまざまな機器に使われる発光ダイオード（LED）は基本的には、電子回路に簡単に収まるほどの小さなチップです。LEDにはフィラメントがないため、それほど熱くならず、焼き切れることがありません。電力のほとんどが発光に使われるので、電力需要が大幅にカットされます。LEDの使用にはドライバ（特定のLEDに適した電圧をコンスタントに供給する装置）が必要で、現時点では白熱電球よりも高価ですが、ランニングコストは割安です。発熱量が少ない点を利用してLEDを床埋設型アッパーライトなどに使うと、外見上は単一の光源のように見えます。いっぽうリニアタイプのLEDは住まいの照明に革命をもたらしつつあります。リニアLEDライトは粘着テープ並みに薄いため、この薄さと「熱を持ちにくい」という特性のおかげで、棚やコーブ（天井や壁の隙間やくぼみ）にも使えます。

光ファイバーシステム

ライトボックスに入った電球（通常は白熱ランプかメタルハライドランプ）から放たれた光が、ガラスファイバーもしくはプラスチックファイバーを伝わり、ファイバーの先端から照射されます。光ファイバー先端部は、天井やコンクリート壁や階段など、どこにでも設置できます。光源の位置と光が照射される位置を離すことができるため、安全性やメンテナンスの面で明らかにメリットがあります。光ファイバーは星空のような効果を狙って使われること——たとえばスイミングプールやホットタブの天井につけるとか、子供のベッドの上に常夜灯代わりに使うなど——がよくあります。また、ライトボックスにカラー「車輪（ホイール）」を差し込めば、単色の光をつくることもできますし、光の色を連続的に変えることも可能です。たとえば白い壁を七色の光でライトアップしたら、とてもドラマティックな効果が得られるでしょう。ただし、ファイバー先端部とライトボックスの最長距離はおよそ6mです。

LED

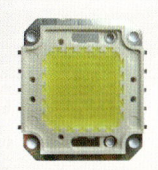

単一の光源の中に取りつけられた複数のLEDチップ

リニアLED

光ファイバー

光ファイバー装置、ライトボックス、端部器具

基礎知識

省エネルギー照明

近年、省エネ需要の高まりを受けて、光源の開発が急ピッチで進んでいます。開発のペースがあまりにも速いので、エネルギー消費を抑えたくてもどれを選べばいいのかわからない人も多いのではないでしょうか。ポイントは、以下に紹介する製品を実際に試しながら、どれが自分のニーズに一番合うのかを探っていくことです。

家庭の一般電圧用白熱電球を取り換えるとしたら、主に3つのオプション——省エネタイプのコンパクト型蛍光灯、節電タイプのハロゲン電球（従来型の電球に似たデザインのものもある）、LED電球——があります。

赤外線反射膜付き (IRC)電球*

赤外線反射膜をコーティングした電球には多くの種類があり、これを使えばエネルギー消費をさらに抑えることができます。アッパーライトによく使われる150Wのリニア型白熱ランプの代わりに、同じ明るさのIRC電球を使えば、消費電力は120Wで済みます。50Wのローボルトスポットライトの代わりに、同じ明るさのIRC電球を使った場合は、35Wしか消費されません。IRC電球の省エネ効果は完璧とはいえませんが、エネルギー消費を多少なりとも抑えつつ、普通の電球と同程度の明るさを得ることができます。

*日本では赤外線反射膜付きハロゲン電球がこれに当たる。

異なる光源の光色　　非省エネタイプ　　省エネタイプ

省エネタイプのコンパクト型蛍光灯

一般的に、エネルギー効率の高いコンパクト型蛍光灯が発する光は、従来の白熱ランプのそれよりも灰色がかっています。このカテゴリーに分類されるランプは調光器との併用ができないものが多いですが、最近では調光可能な蛍光灯を製造するメーカーも増えつつあります。調光は可能でも、光源の光色は変えられないため*（たとえば温かみのある色にはできません）、放射される光の量を減らすなどの工夫をするしかないようです。なかには、光源をフロスト加工したプラスチックでコーティングして、光を和らげているものもあります。

スティック形　キャンドル形　スパイラル形　一般電球形

メリット
- 同じ明るさの白熱電球よりもエネルギーを最大で80%節約できる。
- 寿命が長い。寿命の長さは種類やメーカーによって異なるがおよそ10,000〜20,000時間。

デメリット
- 調光オプションが限られている。

*日本には電球色(3,000K)、ナチュラル色(5,000K)、クール色(6,700K)がある。

省エネルギー照明　　27

▶省エネカラー
コンパクト型蛍光灯をカラフルなシェードでカバー。プレイルームや廊下、ユーティリティルームにお勧めのテクニック。

節電タイプの電球

従来の白熱電球に外見がとてもよく似ているため、すぐにも交換可能です。電球内には従来のようなフィラメントは存在しません。IRC（赤外線反射膜）をコーティングして、不活性ガスのキセノンを封入しているため、熱損失を抑えることができ、その分、より多くのエネルギーを光の供給に使えます。一般的な調光器と併用できるので、照明を落とせば、温かみのある光色が楽しめます。

メリット
- 従来型の電球と同じような光を出す。
- 省エネタイプのコンパクト型蛍光灯よりも演色性に優れている。
- 1〜100%の範囲で調光可能。
- 水銀が含まれていないので、特別な廃棄処分は不要。

デメリット
- 同じ明るさの白熱電球よりもエネルギー効率が30%高いだけなので、省エネタイプのコンパクト型蛍光灯に比べると省エネ効果は劣る。

LED

通常LEDは「チップ」の形をしており、たいていは白熱電球型のランプに入っています。消費電力を同じにした場合、この新技術は他の光源よりも可視光線の放射量が多く、発熱量がはるかに少ないのが特徴です。LED電球には白色以外にも有色バージョンが市販されています。3Wの白色LEDは15Wの一般白熱電球と、1〜1.8Wの有色LEDは25Wの有色一般電球と交換可能です。また、光の色が変わるタイプ（2分のサイクルで変化）もあります。1〜1.8WのLED電球の場合、消費電力はきわめて少ないですが、現時点では調光器との併用には適していません。住宅の廊下や屋外照明に使われてはいるが、一般的な家庭用電球の代替品として満足のいく光源になるのはまだ先のようです。

メリット
- 同じ明るさの一般白熱電球に比べるとエネルギーを最大で80%セーブできる。
- 非常に耐久性が高く、衝撃や振動に強い。
- 発熱量が少ない。
- 寿命はおよそ25年とされている。日本では明るさが70%になるのが約10年とされている。

デメリット
- 出力（光束）が不十分なため*、本当の意味で実用的とはいえない。
- 演光性が良くない*。

*近年、非常に良くなってきている。

基礎知識

光源の位置決め

光源の位置を決める場合、どのプランにも共通する手順があります。まずは部屋の機能を考えてから、最も効果的と思われる照明のタイプを選びます。その部屋に必要なのは実用的な照明か、タスク照明か、ハイライトか、ムードのある明かりか――それともこれら諸要素を組み合わせた照明でしょうか?

部屋の用途を決めかねることもあるかもしれません。特に、その部屋を多目的に使いたい場合は難しいものです。こうした時こそプロの目が生かされます。優れた照明デザイナーであれば、空間を「読み取り」、クライアントの要望を理解し、ニーズを具体的な解決策に落とし込んでくれるでしょう。

ピクチャーライト
ペンダント
LEDアッパーライト
テーブルスタンド

光の重なり
ドラマティックなペンダント、巧みにライトアップされた暖炉、温かみのあるランプ。光のコンビネーションが織りなす居心地のいいリビングルーム。天井に埋め込まれたスポットライトが壁の絵を際立たせています。

壁付けの
ダウンライト

地中埋設型
アッパーライト

地面差込型LEDスポットライト

▲ 映し出された質感
折り重なる光の効果で、中庭のさまざまな質感を浮かび上がらせています。地中埋設型アッパーライトと、花壇に差し込んだLEDスポットライトで植栽をディスプレイ。壁付けのダウンライトで壁を洗うように照らしています。

天井埋込型スポットライト

壁のブラケット

フロアウォッシャー

▲ じっくりと鑑賞しながら
アジャスタブルスポットライトで廊下の絵を照らすことで、フォーカルポイントの絵画をそれぞれ一定のペースで鑑賞できるようにしています。壁のブラケットとフロアウォッシャーでバランスのとれた照明に。

| 基礎知識

光源を重ねて

わたしたちが暮らしている部屋は三次元空間です。このことを念頭に入れて照明プランを立てていきましょう。いくつもの明かりを重ねる「1室多灯」照明にすることで空間に視覚的な質感が生まれ、「1室1灯」の時よりも深みが増し、部屋の表情が豊かになります。

光源の種類によって照明効果が異なります。それぞれの効果を理解すれば、光の層をコーディネートしながらプランを立てていくことができます。ここで思い出してほしいのが、天井にライトを埋め込んだり吊り下げたりするだけが照明法ではないということです。壁や床、家具などを利用した光源の設置法も検討しましょう。光源は天井に埋め込んでも直付けしてもいいですし、壁の上部、下部、もしくは中間に掛けても、床や壁に埋め込んでもOKです。

光の層をコーディネート

光の重ね使いのシンプルな例を紹介します。たとえば子供部屋。調光可能なペンダントで部屋の中央を機能的に照らしつつ、ベッドサイドにランプ、あるいは読書チェアの横にフロアスタンドを置くだけで、空間に広がりが生まれ、温かくて居心地のいい雰囲気がつくられます。

天上に設置したひとつの光源から実用的な明かりを提供する「全般照明」と、テーブルスタンドやフロアスタンドといった低位置からの「局部照明」を組み合わせると、ベーシックで上質な照明になります。光源をこのように組み合わせることで、部屋の使い道もぐっと広がるでしょう。天井灯は、日中の活動のための機能的な明かりを提供し、スタンドの明かりは落ち着いた夜の雰囲気を演出します。どちらの光源にも調光器をつければ、コーディネートの幅がさらに広がるでしょう——たとえば、読書やテレビを楽しむ夜のくつろぎタイムには、頭上の照明を落として、スタンドの明るさをアップすることも可能です。

実用性と雰囲気づくり

1室多灯照明で空間が変身する好例をダイニングルームのケースで見ていきましょう。通常、ダイニングではテーブルのまわりに人が座るため、その上に明かりが必要になります。また、人が座った高さに合わせて低位置からも照明しなければなりません。壁のブラケットやピクチャーライトは、低い位置に光を届けて、和やかな雰囲気をつくるのに最適です。

バスルームでも用途に合わせて明かりを加減するのに、多灯使いが役立ちます。ポイントは、鏡を使う際に顔面に光がよく当たるようにすることです。それには適切な位置に取りつけた頭上のライトが欠かせません。ただし、頭上灯だけで照明すると、鏡に反射した光が顔面にたしかに当たりますが、同時に陰影もできてしまいます。鏡の両サイドにブラケットを取りつければ、影の部分が光で埋まって、肌のトーンが均一になるでしょう。

▶ **スケッチしよう**
アイデアを図に描くことで、構想も固まります。どれほどラフなスケッチでも、照明デザイナーや専門業者と話を詰めていく時のたたき台になるでしょう。

▲ 何もない空間を光で満たす

コーヒーテーブルの下にリニア光源を巧みに取りつけて浮遊感を演出。床のアッパーライトが支柱を美しく照らしています。

ウォールウォッシャー

リニア光源

床のアッパーライト

正面図A

天井埋込型アジャスタブルスポットライトでユニット家具を洗うように照らす

天井埋込型アジャスタブルスポットライト

天井

ユニット家具

中に照明を取りつけても可 低位置

ブラケット

フロアコンセントに接続したテーブルスタンドあるいはフロアランプ

床埋設型アッパーライト

床埋設型アッパーライト

ドア

ユニット家具

調光器

ユニット家具内にライトを設置する場合に備えて取りつけた電源

暖炉を照らすために床に埋め込んだアッパーライト

暖炉

コーヒーテーブルの上の天井埋込型スポットライト

A

床から1750mmの高さに設置するブラケット

アート作品を照らす天井埋込型スポットライト

カーテン

窓

⊗ 電源　▽ ブラケット　⊕ テーブルスタンド
◇ 天井埋込型スポットライト　● 床埋設型LEDアッパーライト　◉ フロアコンセント

チェックリスト
- ✓ ベストな光源を選んで実用的な明かりを提供。
- ✓ フォーカルポイントをつくるオプションを検討。
- ✓ 将来的に必要になるかもしれないすべての箇所にフロアコンセントを設置。

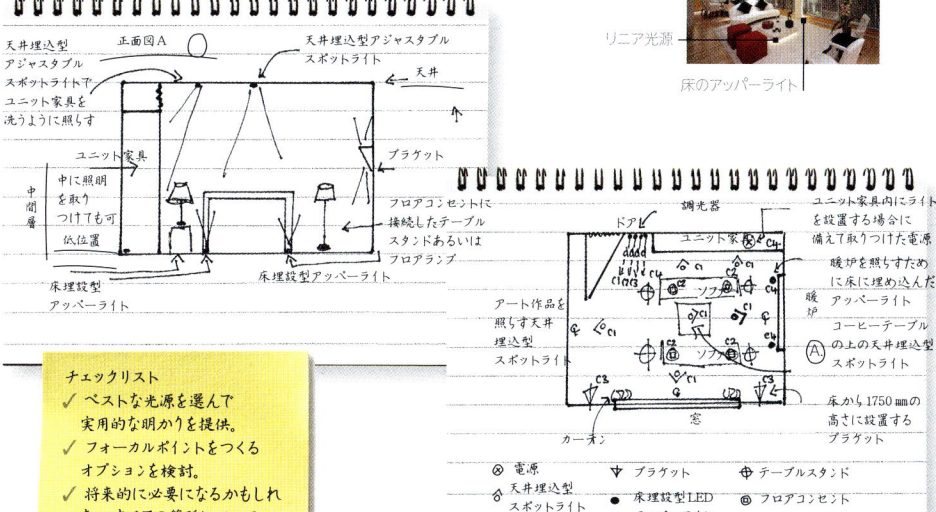

基礎知識

計画的アプローチ

以下に紹介する一連の配灯図は、キッチンの照明プラン（33-37ページ参照）を正式なレイアウトに落とし込んでいく過程を示したものです。光の層を組み合わせることで、調理に適した実用的な明かりから、くつろぎタイムに届けるムードある明かりまで、多目的なキッチンにふさわしい照明に仕上げていきます。各記号はわかりやすくするために色分けをしています。

第1層の照明

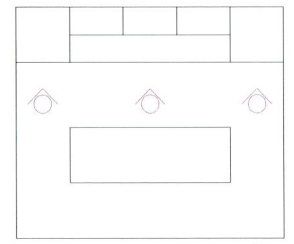

キッチンプラン

アイランドユニットの立面図

第2層の照明

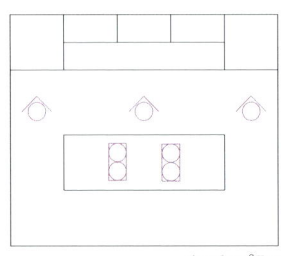

キッチンプラン

アイランドユニットの立面図

凡 例

- 天井埋込型アジャスタブルスポットライト
- 天井埋込型固定式スポットライト
- 天井埋込型固定式スポットライト
- LED棚下灯
- シャンデリア
- LEDフロアウォッシャー
- ミニタイプのLEDフロアウォッシャー
- リニアLED
- 蛍光灯

第3/4層の照明

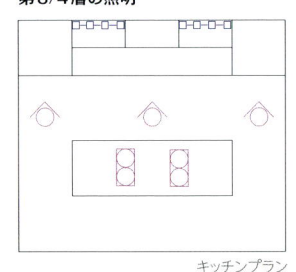

キッチンプラン

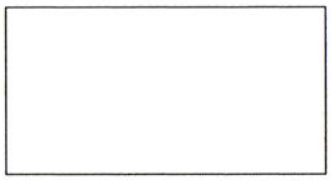

アイランドユニットの立面図

第5層の照明

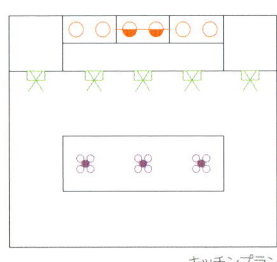

キッチンプラン

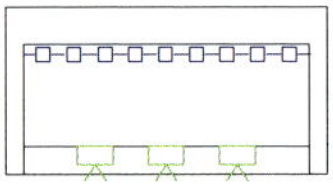

アイランドユニットの立面図

第6層の照明

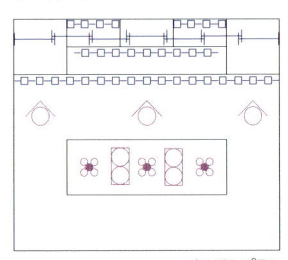

キッチンプラン

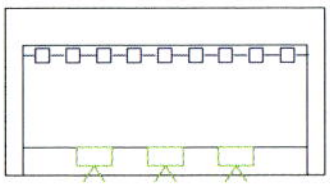

アイランドユニットの立面図

光源を重ねて　　33

1 カウンタートップのライティング

アジャスタブルスポットライトを天井の適切な位置に埋め込み、カウンタートップを照らします。作業エリアに身体の影が落ちないよう、照明器具はカウンターの端に沿って1列に配置。アジャスタブルライトがグレアレスの光をほどよく照射しています。

アジャスタブル
スポットライト

基礎知識

2 アイランドユニットのライティング

天井埋込型か直付型の複数のダウンライトで、アイランドユニットの作業台に実用的な光を提供します。このとき狭角の照明はハイライト用に、中角や広角のライトは拡散光やタスクライト用にするなど、ビーム角の異なるライトを使って多彩な効果を演出します。

低グレアのスポットライト

光源を重ねて　　35

4 キッチン構造のライティング

ガラス棚の背後から光を当ててオブジェをディスプレイするなど、システムキッチン自体の効果的なライティングを検討します。このような照明によって空間におだやかな表情が加わり、キッチンの機能的な雰囲気と、リビングやダイニングのくつろいだ雰囲気が中和されます。

3 キャビネット下のライティング

キャビネット下にタスクライトを取りつければ、比較的低い位置に光の層が生まれるので、頭上の照明を使いたくない時はこれで手元を明るくすることができます。

- 棚の照明
- LED棚下灯

中央の固定具から吊り下げた小ぶりのガラスペンダントで、カウンター上にきらめきを。

5 アイランドユニット正面のライティング

アイランド正面をリニアライトで洗うように照らすことで、「どっしりとした」存在感が和らぎ、キッチン空間にアイランドユニットを馴染ませています。また、リニアライトのソフトな明かりで食卓にふさわしい雰囲気も演出。キックプレートに取りつけたライトが、床をかすめるように照らして豊かな色合いと質感を生み出し、ムードある照明に深みを与えています。

装飾的なペンダント

リニアLED

低位置に取りつけたフロアウォッシャー

光源を重ねて　　37

6 高位置と低位置のライティングと色の演出

ウォールユニット上部に隠したリニアLEDライトは調光可能なので、夜には減光して(写真のように)おだやかな明かりをつくり、作業時には100％点灯して均一な反射光を空間に届けることができます。奥の壁のキックプレートに配したリニアライトがさらに繊細な光を放ち、床面に深みと味わいを添えています。色の変わるLEDライトをガラス製の汚れ止め板の背後に取りつければ、その日の気分に合わせて色のドラマが楽しめます。

隠しリニアライト

色の変わるLED

リニアライト

既存の照明プランに光を重ねて

既存の照明プランを生かせば、多くの場合、光を手軽に重ねていくことができます。家具や棚に光源を取りつけるだけで重層的な照明に仕上がります。照明プランを一から立てることはできないけれど、部屋の照明をもっと素敵に演出したい時には、このアプローチが効果的です。

照明が1灯しかない部屋があれば、本棚や飾り棚にライトを取りつけてみましょう。これは狭いスペースにも有効です。リビングルームの雰囲気づくりには、低い位置に置いたランプの明かりが欠かせません。床にスペースがほとんどなくても、棚板の下にライトを取りつけるだけで部屋のイメージががらりと変わります。また棚下灯を使うと、テーブルスタンドやフロアスタンド

蛍光灯
棚下灯

◀ レトロな演出

歴史的に由緒ある建物のキッチン。天井埋込型ライトの使えないこうした空間は、照明を加える絶好のチャンスです。キャビネット上に直管形蛍光灯を取りつけ、キャビネット下のライトでカウンタートップにタスク照明を提供しています。

▶ 隙間を埋めて

差し込み式の白熱ランプをフロアベースに取りつけて空間をライトアップ。これなら部屋の配線替えが難しい時も光源の位置を高くして、光を効果的に拡散できます。

既存の照明プランに光を重ねて　　39

を置かずに済むので、空間がすっきりします。部屋をペンダントだけで照明している場合は、棚の下や出窓や家具の上に光源を設置してみましょう。取りつけたライトで書物やオブジェを照らせば全体的に明るくなり、よりフレキシブルで深みのある空間になるでしょう。

なるべくすっきりと
窓台にローボルトのアッパーライトを接続して、窓まわりを照明。天井と壁の電源には、壁の色と同じ中間色のペンダントとブラケットを取りつけています。

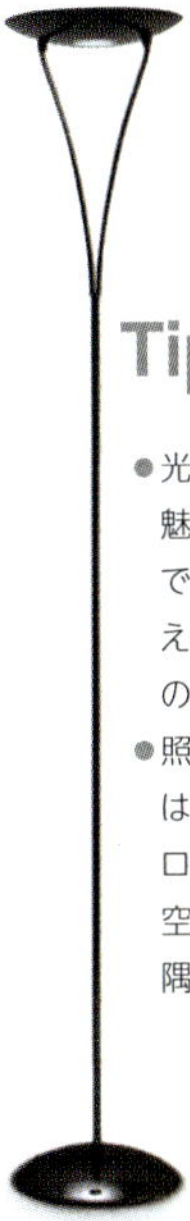

ローボルトのアッパーライト
ブラケット
ペンダント

Tips 照明でアクセントをつけるコツ

- 光を重ねることで、部屋の建築的魅力を生かした照明を施すことができます。建物になるべく手を加えたくない由緒ある家屋では、この方法はとりわけ効果的です。
- 照明器具を直付けできない場合は、差し込み式アッパーライトをフロアベースに取りつけるだけで、空間にアクセントが生まれ、部屋の隅の薄暗さを解消できます。

- 床にアッパーライトを埋め込んで、額縁やアーチ形の入り口や暖炉にハイライトを当てます。
- バスルームやシャワー室のニッチに照明を施します。ニッチ内のディスプレイや収納に役立つだけでなく、空間に奥行きと表情が加わり、天井照明を最小限に抑えることができます。

- テーブルトップ用の差し込み式スポットライトで、お気に入りのオブジェを明るく照らしましょう。動かしやすいミニタイプの器具なら、いつでも好きな場所に設置できます。

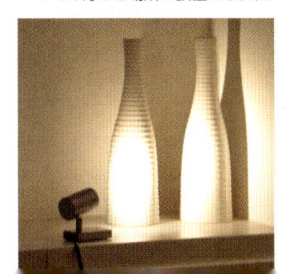

照明層を使い分ける

照明層ごとに回路を分けてフレキシビリティを最大限に高めれば、各照明層を状況に応じて使い分けることができます。ここではその効果的な実例を紹介していきます。

オープンプランのリビングスペース

　一般的に、キッチンの実用的な照明——カウンタートップやアイランドユニットの照明など——には天井照明が使われますが、キャビネットのキックプレートに埋め込んだフロア「ウォッシャー」で低位置に明かりを導入し、ウォールユニット下のライトで調理台に必要なタスク照明を届けることもできます。
　ダイニングエリアではテーブルまわりに十分な明かりが必要です。着席の位置に合わせてブラケットなどを取りつければ、食卓らしい雰囲気が生まれますし、空間の低い位置を照明できます。家族がくつろぐファミリールームでは、ランプの明かりでソファーまわりやフォーカルポイントを照らす方法もあります。光源の回路分けをしておけば、部屋の用途に応じて使用する照明を選べるので、「使わない電灯までが点いている」という電力の無駄を省けます。たとえば人がダイニングにいる時は、実用的な理由からキッチンの明かりを少しだけ点けておくといいでしょう。これには、使われていない空間が「間の抜けた」感じにならずに済むというメリットもあります。

吹き抜けスペース

　同じアプローチを吹き抜けのスペースに応用しても効果的です。この場合、吹き抜け上方の建築的特徴を明るく照らしつつ、下方にも光を届けることがポイントになります。
　梁に取りつけた照明で切妻天井をライトアップするのも素敵かもしれません。メインルームと同じ回路の

低位置の
フロアウォッシャー

上下を
照らす
ブラケット

床埋設型
LED
アッパー
ライト

光の交流

ホールの3つの照明層——階段の下、階段の上、ドア横の壁——を回路分けしておけば、照明層のコンビネーションを手軽に楽しめます。また、調光によってそれぞれの照明の雰囲気を変えることも可能です。

シーンの設定
複数の照明層を取り入れたキッチンとリビングの兼用エリア。4つの異なるシーン――午前と午後、夕方と夜――に応じて照明層を切り替えることができるので、必要な明かりだけを残して、あとの照明は切っておけます。

天井埋込型ライト
ランプ

低グレア天井埋込型
スポットライト

天井埋込型ライト

照明を中2階に設置すれば、2つのエリアに視覚的なつながりが生まれます。ロフトや階段室、段違い平面のアパートメントで、複数のエリアが見通せるようになっている場合は、これらのエリアをひとつの空間として照明プランを立ててください。空間の輪郭を描くように配灯し、フレキシブルな照明空間になるよう回路分けをしていきます。

光源のコントロール

通常、光源はスイッチでオン/オフできるだけの設計になっています。しかし、壁や天井に固定された光源の照明効果を最大限に引き出すには、調光可能にすることが不可欠です。明るさをコントロールするにはいくつかの方法があります。

マニュアル式調光器

回転運動を利用したマニュアル式調光器なら、部屋の用途や時間帯に応じて光源の明るさを調整できます。これは、照明システムをフレキシブルに使うための最もシンプルな方法です。回路の調光を可能にしているのが、「調光モジュール」です。このモジュールは、調光プレート奥のバックボックスに収められています。標準タイプの調光器では、1つのポイントから1つの回路しかコントロールできません。したがって希望するコントロールポイントが部屋に2箇所ある場合——寝室のドア付近とベッドサイドなど——は、どちらのポイントからコントロールするのかを選ぶ必要があります。

押しボタン式調光器

押しボタン式調光器はヨーロッパではよく使われています。この調光器を導入することで、マニュアル調光器を設置した時と同様のフレキシビリティが得られま

info 極意：スイッチと仕上げ

照明のフレキシビリティを最大限に高めるには、従来型のロータリー式調光器がお勧めです。複数の箇所を調光したい場合は、押しボタン式（ドアベルに似たスタイル）の調光器がいいでしょう。オーソドックスな「ドリー」式スイッチ（スティックスイッ

| 押しボタン式スイッチ |  ドリー式スイッチ |  ロッカー |  ロータリー式調光器 |  スライド式調光器 |

オン・オフ
スイッチ付き
スライド式
調光器

光源のコントロール　43

◀ ▲ 調光の実例

左上：頭上の照明で、実用に適した光の層を部屋全体に提供。

左中央：頭上の照明を落とし、天井に埋め込んだアジャスタブルスポットライトとピクチャーライトで絵画をフォーカス。

左下：床に埋め込んだアッパーライトで内装のディテールを引き立てています。

上：低位置のライティングだけを使用した例。明るさを落としたピクチャーライトと床に埋め込んだアッパーライトのほのかな光が、テーブルスタンドの雰囲気のある明かりに溶け込んでいます。

す。ただし、操作方法がマニュアル式とは若干異なります。さらにマニュアル式にはないメリットもあります。押しボタン式では、ドアベルに似た調光ボタンを押して明るさを調整します。この調光システムには、リモート操作パックと呼ばれる装置が必要になります。また、マニュアル式よりも各回路の負荷容量が大きく、しかもユニットのサイズを大きくする必要はありません。この調光システムでは、複数のコントロールポイントから調光できます。

チ）は、ライトをオン・オフに切り替えるだけの単純な装置です。スイッチプレートの仕上げはバラエティ豊かなので、部屋の装飾に合わせてコーディネートできます。ドアノブやコンセントプレートの表面仕上げに馴染むものが無難です。

ステンレススチール　アンティークブロンズ 　ニッケル　ポリッシュドクローム　プレキシガラス　真鍮／アンティーク真鍮　ペイントプラスチック

ワンルームコントロール

　ワンルームコントロールシステムを使えば、4-6の回路がコントロール可能です。大判ペーパーバックほどの大きさの「コントローラ」と一体になったこの調光システムは、壁にすっきり収まるように設置できます。オープンプランの部屋でコントロールしたい照明回路が4つ以上ある時には、こうしたシステムが最適です。配線が完了すれば、メインユニットから簡単なプログラム（シーン）――たとえば日中のシーン、午後のシーン、夕方のシーン、夜のシーンなど――をプリセットできます。広いスペースの照明プランに費用とエネルギーをつぎ込む余裕がある時は、こうした使い勝手のいいコントロールシステムを導入するといいでしょう。

ワイヤレスシステム

　ワイヤレスコントロールは、各部屋だけでなく、家屋全体の明かりもコントロールします。このタイプの調光システムでは配線を替える必要はありません。通常は各照明回路――調光可能なものや、オン・オフに切り替えるだけのもの――にコントロールモジュールを加えるだけでOKです。たとえば特殊なコントロールユニットを、ひとつは天井埋込型ライトの回路に、もうひとつはブラケットのバックボックスに接続します。接続したこれらのモジュールは、壁などに取りつけた独立型コントロールプレートと通信します。このコントロールプレートを使って各回路を操作したり、さまざまなシーンを設定したりすることが可能です。こうしたシステムは新たな配線の必要がほとんどないので、由緒ある古い建物の照明プランなどにとても有効です。

ホールハウス調光システム

　家屋全体の明かりをコントロールしたい時に最適なのが、ホールハウス調光システムです。このシステムでは、住まいの全照明回路が「コントロールラック」に配線されています。複数の補助コントロールプレートがこのシステムにつながっているので、家じゅうの照明回路をどのプレートからもコントロールできます。ただし、照明シーンをコンピュータにプログラムするには専門家の助けが必要になるかもしれません。さまざまな負荷容量の管理に必要なシステムはメインラックに組み込まれているため、補助コントロールプレートはコンパクトになっています。

ウォーターフォール（滝）・コントロール
リビングルームから、その向こうのガラスのテラスフロア、そして光ファイバーでエッジライトを施した「ウォーターフォール」のフォーカルポイントまで、回路の異なるさまざまな明かりをひとつの調光システムでコントロールしています。黄昏ムードの演出もボタンひとつでOK。

光源のコントロール　　45

すべてをコントロール
さまざまなタイプのコントロールシステムがあるので、コントロールの必要性の度合いや組み込みたいサービスに応じて、システムを選ぶことができます。

照明とブラインドを調整するワンルームコントロールシステム

建物に組み込めるシーン設定プレート。さまざまな表面仕上げがある。

ワイヤレス照明用リモコン

照明コントロールシステムの独立型LCDスクリーン

壁埋込型コントロールプレート

コントロールラック

総合ホームオートメーション

　空調や床暖房、AVシステムなど、他にもコントロールしたいものがあれば、すべてを一体化させた総合ホームオートメーションシステムにすればとても便利です。このシステムをつくるには、調光ラックと追加プロセッサを組み合わせて、他のすべてのコントローラをひとつのコントロールプレートにまとめる作業が必要になります。液晶ディスプレイ (LCD) のタッチスクリーンなら簡単にコントロールできますし、システムにつながっていれば、どのサービスにもリモートアクセスが可能になるため、帰宅前に照明とエアコンをつけておくことも可能です。

省エネコントロール

　光センサーやパッシブ赤外線探知器 (PIR)、不在センサーなどの省エネルギーコントロールシステムを総合ホームオートメーションに組み込む方法もあります。

■ 通常、光センサーは昼間の外部照明を消しておくために屋外で使用します。
■ PIRは人が部屋に入ってくると自動的に照明のスイッチが入り、設定時間になるとスイッチが切れるシステムです。エントランスなどの狭いスペースに有効。
■ 不在センサーは退室後、一定の時間が過ぎると消灯するシステムです。電灯が点けっぱなしになりやすい子供部屋やプレイルームなどに便利。

　将来的に進歩する可能性のある技術を頭に入れておきましょう。省エネタイプの光源の開発もさらに進み、平均的な回路の負荷容量が劇的に軽減されつつあります。たとえば、現在50Wの明かりを出している標準的なローボルトスポットライトは、将来的に5-10WのLEDに置き換えられていくでしょう。どのような選択をするにしても、いずれ大幅に軽減されることになる負荷容量にも対応できるプランを立ててください。

パート

2

今あるものを最大限に生かす

- 自然光を取り入れる
- 電球を替える
- シェードを替える
- コンセント差し込み方式を活用する
- 色彩を取り入れる

専門業者の手を借りずに、照明を使って住まいの魅力を高める方法はいろいろあります。照明プランを一から立てる場合に参考にする「優れた照明デザインの原則」を適用すれば、少ない予算と労力で大きな成果が得られるでしょう。まずは、住まいに自然光をなるべく取り入れるようにしましょう。これほど省エネ効果の高い照明法はないですし、自然光を活用すると他にもさまざまなメリットが得られます。次に、使用している電球とランプシェードを見直していきます。最後に、「コンセント差し込み式」の照明器具を追加して、照明プランの隙間を埋めていく方法を検討します。

自然光を
取り入れる

自然光は、ほとんどの家庭で日中の主光源となっています。住まいの照明を改善するアプローチの中で最も環境に優しく手軽なのが、太陽光をうまく活用する方法です。

最近では、なるべく多くの自然光を取り込むように住宅を設計するのが一般的になっています。しかし中古住宅を扱う場合は、手の込んだ方法を検討する前に、これから紹介するアドバイス──住まいの採光量を増やす方法や自然光を活用する方法──を参考にしてください。

Tips 自然光を生かすコツ

- 小さな窓がある場合は、厚手のカーテンの代わりにローマンブラインド（プレーンスタイル）を取りつければ、採光を増やせます。
- レースのカーテンではプライバシーが気になる時は、木製のベネチアンブラインドかルーバーシャッターを検討してみましょう。こうしたブラインドなら、大きな張出し窓などの変則的な形の窓にも対応できます。また、ブラインドを上下２つに分ければ、下の部分をプライバシー確保のために閉めても、上の部分は採光のために開けておくことができます。
- 屋根の真下にある部屋の場合には、天窓や屋根窓を設けて、採光を増やすことも可能です。それ以外の部屋は、既存の窓を大きくすることも検討してみましょう。
- モダンな印象のステンドガラスを窓に取りつければ、室内の優美なアクセントになります。ステンドガラスの窓は自然光を最大限に生かしつつ、昼間の部屋に色彩と味わい、深みと質感を与えてくれます。

49

◀ オープンな家

ガラスに囲まれた正面ドアと傾斜したガラスルーフから、通常の2倍の自然光が降り注ぐ廊下。頭上から差し込む光の量は、ブラインドでコントロール可能です。夜になると、壁の上下を照らすスクエア型ブラケットが建物のラインを際立たせ、空間の奥へと視線を引きつけるドラマティックなアンビエントライトを提供します。

◀ 光のタッチ

総ガラスの壁から日光をふんだんに取り入れたベッドルーム。陽が落ちて暗くなった時は、必要最小限の人工照明だけで温かみのあるバックグラウンド拡散照明を施すことができます。

▲ ルーフライト

天井を切り裂いたような細長いガラスの天窓（上右）から光が室内に流入。従来型のスカイライト（上左）も昼間の採光に大きな役割を果たしています。どちらのケースでも、天窓の垂直部にローボルトのライトを散りばめて、曇天や夜間でも明るくすることで部屋をつねに心地よい空間にしています。

◀ **無理難題も**

ちょっとした照明で解決することがあります。夜景と張り合うような派手な照明にしなくても、部屋の中央のコーヒーテーブルの下に幹線電圧用ロープライトを取りつければ、軽やかな浮遊感が生まれます。このライティングを部屋のアクセントにすれば、素晴らしい夜景ばかりに向いていた注意を中央に引きつけることができるでしょう。ロープライトはフロアコンセントに接続しているので、この照明法は差し込み式活用術の好例といえます。

▶ **眺めの良い部屋**

大きな窓ガラスは夜になると鏡のように見えてしまいますが、おだやかな明かりを空間に取り入れることで、そうしたこともなくなります。それに、これなら部屋からの眺めの邪魔になることもありません。床埋設型アッパーライトと天井埋込型ダウンライトの回路を分けることで照明のフレキシビリティが高められ、夜の作業時には実用的な明かり、リラックスタイムには落ち着いた明かりが得られます。

夜の窓

採光場所を決める場合、そのデメリットについても考慮しなければなりません。夜にはその空間がどんな印象になるのかを考えたうえで、人工照明をデザインするのがポイントです。大きなガラス窓は、夜になると、その向こうに広がる暗闇のせいで鏡のように見えてしまいます。ガラスに覆われた面積が大きいと冷たい印象になるので、冬には寒々しく感じるかもしれません。こうした問題に対処するコツがあるので、以下に紹介します。

■ カーテンのない大きな窓がある場合、窓の外を照らす工夫を。巧みに配した照明で庭やルーフテラスの植栽をライトアップすれば、夜でも窓ガラスの向こうの景色が楽しめます。窓ガラスに映った自分の姿をただ見ているよりも素敵ですし、空間を広く見せるというメリットもあります。

■ 小さなローボルトの光源を天窓に散りばめれば、光が反射して星のようにきらめく優美な光の効果を演出できます。天窓の下にダイニングテーブルを置く時は、こうした演出がとりわけ重要です。

■ 玄関ドアの上の明かり取りや、両サイドのガラスパネルの設置は、昼間のホールに光を入れるための古典的なテクニックですが、この方法では、夜になると空間が冷たい印象になってしまいます。玄関ホールは、住まいの第一印象を左右する大切な場所なので、人を温かく迎え入れる明かりを取り入れなけれ

自然光を取り入れる　　51

▼ **希望の光**
クライアントがつくった手吹きのガラスボールを「触れても熱くない」アッパーライトにかぶせることで、空間の内と外をドラマティックに演出。光がガラスの内側から、味わいのある質感を浮かび上がらせています。

ばなりません。玄関ホールのドア付近にランタンかペンダントを取りつければとても効果的ですし、この照明法にはドアから漏れる明かりが玄関の外を温かく照らすというメリットもあります。ホールのサイドテーブルの上にペアのスタンドを置くだけでも、空間に豊かな表情が加わります。

電球を替える

電球を替えるだけで、住まいの照明をドラマティックに変身させることができます。あなたに必要なのはどの電球のタイプでしょう？　電球には低ワットのものから高ワットのものがあり、つくりや形や種類もさまざまです。たとえば、大きなボール形電球は普通電球よりも良質の明かりを提供します。

住まいの照明を見直すにあたり、幹線電圧用とローボルト用の電球など、光源の選定についても再検討していきます。ローボルト電球にはさまざまなワット数やビーム角のものがあることを今一度おさらいしておきましょう（22-25ページ参照）。

▶ **標準的なオプション**
次ページには「暗い色のシェード」や「適度に明るい色のシェード」、「淡い色のシェード」に、種類やワット数の異なる電球を組み合わせた例を紹介しています。

幹線電圧用電球

するべきこと

- なるべく艶消し電球を使用すること。艶消し電球は普通の電球よりも、影のできにくいソフトな光を届けてくれます。また、シェードの内側が淡い色合や反射コーティングになっている時には、このタイプの電球がベストな選択です。
- 電球は、1灯のランプシェードが使用できる範囲で最大のワット数のものを使うようにします。たとえば、ベッドサイドの読書灯には60Wの電球のほうが適しているのに、40Wの電球を使用している場合があるので注意しましょう。
- リビングやキッチン、ベッドルームには省エネタイプの電球を使用し、灰白色の強い光を放つ蛍光ランプは、ユーティリティルームやガレージに使いましょう。

してはいけないこと

- 空間を過剰に照らすこと。デザインの観点からも、陰影は光と同じくらい大切なことを忘れないでください。
- それぞれのランプシェードに最適なワット数をはるかに超えた電球を使うこと。特にシルクシェードの場合、このことは重要です。高ワットの電球をシルクのシェードに使うと、表面が焦げたり変色したりしますし、視覚的に邪魔になる「異常に明るい部分(ホットスポット)」が生じる可能性もあるからです。

ローボルト電球の場合

するべきこと

- 適切なワット数の電球を使います。たとえば、水彩画や線描画を照らす場合、通常は20W/12Vの電球が必要になります。油彩画に適した明るい50W/12Vの電球を水彩画のライティングに使うと、水彩画がまるで漂白されたように見えてしまいます。
- 質の高い電球を使用してください。特にローボルトの電球でアート作品を照らすときには、色彩のクオリティを下げないためにも質の高い電球を使います。メーカーによっては、高演色性ランプを製造しているところもあります。特にアート作品やファブリックを照らす場合は、演色性の高い照明が欠かせません。
- タスクに必要なビーム角を検討します。労を惜しまずに照明プランを立てるなら、それぞれの作業に最適なビーム角の電球を選びましょう。たとえばビーム角40度の電球は、キッチンカウンターを照らしたり、壁に光を反射させたりするのに適しています。ビーム角10度ならテーブルの上のオブジェを照らして、空間にドラマティックなインパクトを与えます。27度のビーム角は、10度ほど光を集めたり、劇的な効果を加えたりすることはできませんが、より広い範囲を照らせます。

してはいけないこと

- 安物の電球を使うこと。寿命が短く、演色性も劣ります。

40W/120Vの
クリア普通白熱電球

白熱電球は、家庭で最も一般的に使われている電球のひとつで、味わいと温かみのある光を出します。調光も容易で、ナチュラルな色をシェードに投げかけます。

70W/120Vのクリア省エネ電球（100W普通白熱電球に相当）

普通白熱電球と同質の光を再現するようデザインされた省エネ電球は、従来型の100W電球の現実的な代替品です。このタイプの電球は調光可能で、自然に近い色をシェードに投げかけます。

18W/120Vのコンパクト型蛍光灯（100W普通白熱電球に相当）

以前と比べるとずいぶん改善されたものの、普通電球や省エネ電球の光と比較すると、コンパクト型蛍光灯の光はフラットで灰色がかっています。「100W普通電球に相当する」と表示されていても、70Wの省エネ電球ほど明るくは見えません。

28W/120Vの標準シャンデリア電球（白熱電球）

シャンデリアやペンダント、ブラケットによく使われるシャンデリア電球は、調光可能な温かみのある光を提供します。40Wの白熱電球に比べると、光が弱いことに注目。

25W/120VのLEDクラシック型電球（40W普通白熱電球に相当）

ここで紹介しているのは、現時点で使用できる最高のLED電球です。よく見ると、光の大半が上に向かい、下方に洩れる光がほとんどないのがわかります。

今あるものを最大限に生かす

シェードを替える

電球をカバーし、光の強さを和らげてくれるランプシェード。シェードに使われる素材はじつに幅広く、スタイルもバラエティ豊かです。ただし、シェードを選ぶときは、見た目の美しさだけで決めるのではなく、シェードの照明効果も考慮に入れて、目的に合うものを選びましょう。

テーブルスタンドとフロアスタンドは、部屋の明かりに欠かせない要素です。こうしたスタンドだけで部屋を照明する場合は、シェードの選択はなおさら重要になります。大切なのは、得られた光を最大限に生かし、必要な場所に光がきちんと届くようにすることです。視線はつねに空間の中で最も明るい箇所に引きつけられるので、来客者に視覚的なインパクトを最初に与えるのがランプシェードかもしれません。シェードを見直すことで、照明を改善し、部屋のイメージを変えることができます。形や大きさ、素材、色、裏地──これらすべての要素によって、シェードの見た目や効果が大きく左右されます。室内装飾を引き立てるだけでなく、意図した方向に光が向かうシェードを選ぶこと。それがシェード選びのうえで、照明デザイナーが重視すべきポイントです。

▲ **スクエアのシンメトリー**
クラシカルなスタイルの部屋にしっくりと馴染むスクエア型テーパードシェード。オーソドックスなクリスタルのスタンドベースにモダンな味わいを添えています。シェードの下から明かりが零れて、テーブルの上に大きな光だまりをつくっています。

▼ **サイズが大事**
オープンプランの空間に小さなランプを使うと、ランプ自体の存在感が薄いので、エレガントなイメージよりもうるさい印象を与えてしまいます。

▲ のぞき穴

さまざまな形や素材のシェードを使って、その効果を試してみましょう。たとえば、切り絵のように穴のあいたこのランプシェード。シェードを幾重にも重ねたデザインなので、光源が直接見えません。ソフトに拡散された光がシェードの層から沁み出ることで、印象的な装飾になっています。

▼ 玄関ホールの演出

狭いスペースを優雅に演出するには、アイシェイプ型（平らな楕円形）のランプシェードがぴったりです。白い内張りを施し、背の高いベースに取りつけたおかげで、ゴールドシェードの上下から光がふんだんに零れています。

Tips シェード選びのコツ

- シルクや羊皮紙、紙製の淡い色合いのシェードは、シェードの色がそのまま出るので、やや冷たい印象の光になります。
- クリーム色をしたプリーツタイプのクーリィ型シルクシェードは無難な選択ではありますが、光源をうまく隠せなかったり、雰囲気を高める効果が薄かったりするので、賢明な選択とはいえません。
- ムードのある味わい深い明かりがほしい時は、チョコレート色やディープパープルなど、ダークな色合いを選びましょう。
- 裏地のついたシェードは光源の輪郭を和らげてくれます。裏地がないと、ホットスポットがシェード越しに透けて見えてしまい、その部分ばかりに目がいくので、在室者は気が散って落ち着くことができません。この問題を手っ取り早く解決する方法があります。スプレーペイントでシェードの内側をゴールドに塗れば、温かみのある光が広がります。
- 思い切って、意外な組み合わせにもトライしましょう。たとえば表が黒のシェードで裏をライムグリーンにすればフレッシュで元気なイメージになりますし、赤にすれば（右）ムードのある落ち着いた雰囲気になります。
- シェードはサイズの大きなものを選び、ランプの数は少なく抑えるように心がけましょう。

シェードの形と大きさ

クーリィ型(エンパイア型)　最もオーソドックスな形。台形をしたクーリィ型では、光の大半が下に落ちて、限られた大きさの光だまりをつくります。そのためこの形のシェードで実用に適した明るさを得るには、大きさが最大級のものを使う必要があります。シェードを交換すれば、部屋の照度も改善できます。

ドラム型　ドラム型シェード(上下の幅が深いものと浅いものがある)は、光を上方と下方のどちらにも放つので環境照明(アンビエント)の照度を上げるとともに、下方に広がる明かりがタスク照明としても機能します。またこの形には、シェードの素材(ファブリック)を引き立たせる効果もあります。

オーバル型　深いオーバル型やスリムなオーバル型には、ドラム型と似たような働きがありますが、スペースが狭い場合は、オーバル型を選ぶと良いでしょう。

アイシェイプ型　アイシェイプ型シェード(シェードを上から見た時に「目」の形をしくいるもの)は現代的で洗練されたデザインです。光を上下に放ちますが、形成される光だまりが小さいため、少数のスタンドで多くの明かりを得たい場合はベストな選択とはいえません。ただし、廊下の細長いコンソールテーブに置くスタンドには、うってつけのシェードです。

シリンダー型　エレガントな形をしたシェード。キャンドルスティックスタイルのスタンドにモダンな表情を添えます。

コニカル型　小さなキャンドルスティックスタンドによく使われ、細長い光だまりをつくるのに最適です。大ぶりのものでも、光の大半は下方に広がります。

スクエア型とテーパードスクエア型　スクエア型のシェードを使うだけで、部屋の雰囲気がモダンなイメージに変わります。光を上下に放つこのタイプは、部屋のコーナーに置くと効果的です。ベッドサイドのオーソドックスなスイングアームつき読書灯に、優美な形をした先細りのスクエアシェードを取りつければ、コニカル型よりも実用的な明かりが得られます。

レクタングル型とテーパードレクタングル型　スクエア型と同様に、すっきりとしたモダンな雰囲気を添えてくれるので、バーやサイドテーブルに合うでしょう。

スタンダードバルブ
(シェイディッドバルブ)

クラシックオーバル

メタリックラウンド

素材の効果
黒のシェード(上)では光はすべて下方に広がります。ミディアムトーンのシェード(中央)は温かみのある光を投げかけ、メタルリングのシェード(下)は壁にドラマティックな影を映します。

極意　シェードの形、大きさ、仕上げ

やるだけの価値はあるので、シェードの形や大きさによる効果の違いをぜひ試してください。シェードの大きさは、そこでおこなう作業とベースの高さに合わせます。シェードが広がっていればいるほど、シェードから多くの光が出ていくので、シェードを選ぶ際には注意しましょう。横から見たシェードの形を次のページで紹介します(図中のアイコンはシェードを上から見た形です)。シェードの仕上げによって光が和らいだり、部屋が明るくなったりするので、目的に合うものを選びましょう。

シェードを替える　　57

完璧なバランス
2灯のクラシカルな大型のテーブルスタンド。ゆるやかに傾斜した幅広シェードが、光を上下にたっぷりと投げかけています。他にテーブルスタンドがなくても、これだけでぬくもりのある雰囲気に。シェードの色のおかげで電球が見えません。

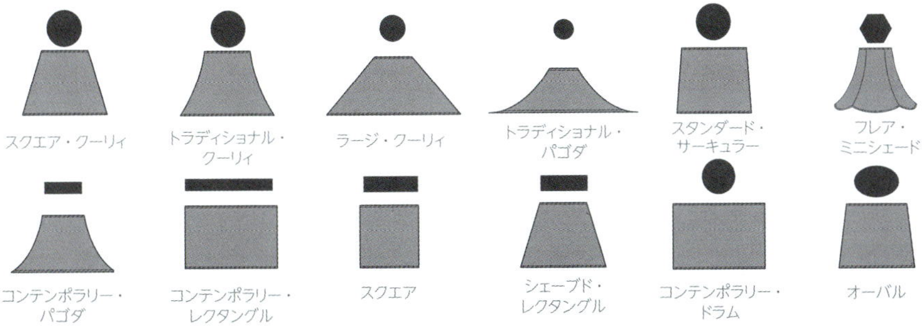

Tips
成功の秘訣

小さなランプを数多く使うのではなく、大きめのシェードとテーブルスタンド/フロアスタンドを数少なく使うのがコツです。大きめのものを使えば、明かりをより多く確保できます。またゴタゴタした印象もなくなるので、空間をすっきり広く見せることができます。

スクエア・クーリィ	トラディショナル・クーリィ	ラージ・クーリィ	トラディショナル・パゴダ	スタンダード・サーキュラー	フレア・ミニシェード
コンテンポラリー・パゴダ	コンテンポラリー・レクタングル	スクエア	シェープド・レクタングル	コンテンポラリー・ドラム	オーバル

コンセント差し込み方式を活用する

差し込み式の光源とは、家庭用電源に恒久的に接続された照明ではなく、コンセントにつなぐタイプの移動可能なライトやランプ——床置きのローボルトハイライトやリニアライトなど——を指します。差し込み式を活用すれば、部屋の雰囲気を手軽に変えることができます。

差し込み式ライトを適正な位置に設置すれば、空間に彩りを手軽に添えることができます。隅のデッドスペースを照らして部屋を広く見せたり、大きな観葉植物の後ろに置いて光と影が織りなす幻想的な模様を壁に映したり、素敵なオブジェを台座の背後からドラマティックに照らしたりと、さまざまな演出が楽しめます。携帯可能な光源のメリットは、いろいろな場所に置いてその効果を試せることです。さらに、その時々のニーズや気分に合わせて置く場所を変えることもできます。

コーナーやオブジェの照明

部屋の隅が薄暗い時や、部屋にフォーカルポイントない時は、小さなアッパーライトを床に置くだけで問題が解消されます。ローボルトのランプにはビーム角の異なるさまざまなタイプがあるので、こうしたケースに最適です。たとえば、部屋の隅に置いた観葉植物を背後からライトアップしたい時に広角のライトを使えば、光が葉の間を透過してナチュラルな形と影が生まれます。同様に、狭角の電球を取りつけたペアライトを床に置いて、暖炉をライトアップすれば、フォーカルポイントを手軽につくることができます。

マントルピースかテーブルの上に、ローボルトの卓上スポットライトを置く方法もあります。スポットライトで絵画や彫刻やオブジェに光を当てて、視線を引きつけるのです。差し込み式リニアライトの光源（ローボルトのカプセルランプを細長いプレートに並べて取りつけたストリップライトなど）で、花瓶や壺などのオブジェを背後から照らしても素敵です。

▶ **控えめなデザイン**
他に光源がない場所でも、ローボルトの小さな卓上スポットライトを使って、ディスプレイされたオブジェに視線を集めることができます。

▲ **くっきりとよく見える**
差し込み式のおかげでフレキシビリティが高まるので、固定式の光源でオブジェを照らすよりも、概して良い仕上りになるようです。アート作品を照らすには、演色性の優れたローボルトの照明器具（写真）が最適です。

コンセント差し込み方式を活用する　　59

◀ 絶妙のバランス
差し込み式ライトでお部屋に高級感を。重厚感のある大理石のベースと現代的なシェードのバランスが絶妙な「アルコフロアランプ」。あらゆるインテリアをスタイリッシュに照明するデザインの傑作です。

▶ ミニマルな奥ゆかしさ
床にさりげなく置かれた差し込み式のローボルトアッパーライト。ソファーのアームの優美なラインを引き立てながら、壁の鏡に光を反射させて、空間に奥行きを与えています。

▼ 完璧なペア
細長いコンソールテーブルの上に置かれたシンプルな2灯のキャンドルスティックスタンド。温かく迎えるような光を廊下に投げかけ、ディスプレイされた絵画やオブジェに視線を引きつけています。

差し込み式調光器
差し込み式ライトには専用の照明回路（5アンペア）を使用するのがベストです。こうすれば、調光器で光を1箇所からコントロールできます。この方法が無理な場合は、インライン調光器を取りつけて、よりフレキシブルな照明に。

使い勝手のいい床置きのローボルトアッパーライトを活用すれば、あらゆる部屋をドラマティックに演出できます。コンパクトなので、狭いスペースにも簡単に収まります。

色彩を取り入れる

無味乾燥な照明プランを手っ取り早く改善したい時に重宝するのがカラーライティングです。これなら簡単に元に戻すことができますし、色の効果で絶大なインパクトを生み出せます。ただし、やり過ぎは禁物です。洗練されたイメージにしたいなら、派手な原色よりも、ほのかで繊細な色合いを選びましょう。

　50W/12Vのスポットライトを使用している場合は、深紅色か青か緑か黄色のカラースポットライトと交換すれば、手軽にカラーライティングを施すことができます。さらに予算を抑えたい時は、画材店などで購入できるカラージェルシートを使う手もあります。適当な大きさにカットしたものを既存のアッパーライトに仮づけすれば、パーティー向きの楽しい雰囲気に仕上がります。それにこの方法なら、大枚をはたかずにカラーライティングの効果を簡単に試すことができます。ただし、仮づけしたジェルを、熱い照明器具に装着したまま数時間以上放置しないでください――ジェルが溶けてしまいます。蛍光灯を使って、シーンを手軽に変えることも可能です。蛍光灯なら熱をあまり出さないので、カーテンの後ろや家具の上に設置するのに適しています（つまり、より安全です）。蛍光灯に簡単に装着できるジェルスリーブは、カラーバリエーションも豊富です。

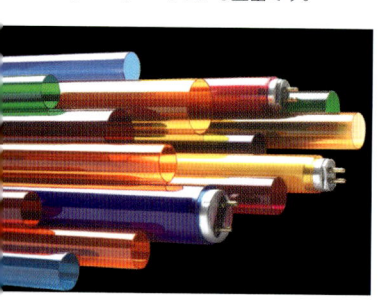

◀ **ジェルスリーブ**
この方法なら、さまざまな色の効果をシンプルに楽しめます。ジェルスリーブを蛍光灯にかぶせるだけなので、手軽さはぴか一。

◀ **色彩が戯れる背景幕**
ジェルシートをかぶせた蛍光灯の明かりをスクリーンに投影。スクリーンに映し出された色彩が、ドラマティックな陰影の揺らめきを生み出しています。

▲ **不思議な空間**
色彩には、空間の印象や雰囲気を瞬時に変える働きがあります。カラージェルスリーブをかぶせた蛍光灯を均等配置することで、手軽かつ経済的にコクのある色彩で空間を満たせます。人を招き入れるピンクに対して、ブルーはクールで落ち着いたムードを生み出します。

色彩を取り入れる 61

光のコントラスト
カラースリーブを装着した蛍光灯をピーコックブルーのカーテンの影に設置。赤紫の輝きが色ガラスのランプベースや紫のヘッドボードと見事に調和して、デッドスペースを効果的に演出しています。

色彩の導入

- カットしたカラージェルシートをアッパーライトに装着して、華やかなパーティーカラーをテンポラリーに演出。
- テーブルスタンドに12Vのカラー電球やLEDカラー電球を使えば、より永続的に空間を色彩で満たすことができます。
- 蛍光灯に装着するジェルスリーブはカラーバリエーションが豊富なので、安全かつ経済的にカラーライティングが楽しめます。

調光器を加えて
他に何もしていないなら、差し込み式ライトを調光可能にすれば、部屋のムードをワンタッチで変えられます。専門業者の手を借りなくても、最近では差し込み式のライトと併用できる調光器がいろいろ市販されています。調光器をコンセントに差し込んでそこにランプを接続するだけで、局所的に調光できるタイプもあります。

パート

3

優れた
ライティングの
原則

- 埋込型の固定式ダウンライト
- 埋込型のアジャスタブル
  ダウンライト
- 直付型照明
- 配線ダクト照明
- ストレッチワイヤー照明
- 壁付アッパー／ダウンライト
- 床埋込型アッパーライトと
  壁埋込型フロアウォッシャー
- 間接照明
- コーブ照明とコファー照明
- スロットとニッチの照明
- 鏡まわりの照明
- タスク照明
- 特殊効果照明

優れた照明の決め手となるのが、照明対象の選択と、適切な「ツール」――照明器具――の選定、そして器具の効果的なポジショニングです。従来は、天井灯を「碁盤状」に規則正しく配置するのが一般的でした。そうした配灯デザインは、照明プランの平面図上では整然と見えるので、満足のいくプランのように思えるかもしれません。しかし、それでは空間の雰囲気はちっとも改善されません。思い切って常識を打ち破りましょう。ポイントは、室内の照明効果をイメージして、光で「絵を描く」ようにデザインしていくことです。建築化照明と装飾照明を組み合わせて、照明プランを立ててください。天井や壁などに組み込む建築化照明は、目立たないようにうまく設置する必要があります。こうした照明は人目につかないほど、素晴らしい効果を発揮します。逆に、装飾照明は見せるためのもの。効果的に見せることで、室内に豊かな彩りが添えられます。

埋込型の固定式ダウンライト

固定式のローボルトダウンライトを適切な位置に取りつければ、空間が一挙に「グレードアップ」します。また、貴重な補助光をインテリアに手軽に届けることもできます。

▶ **ドラマティックな連続感**
収納ユニットの表面をかすめるように照らす連続配灯されたダウンライト。単調なリズムがドラマティックな効果を生んでいます。クオリティの高い電球を使うことで、優れた演色性を実現。

　グレア（まぶしさ）の少ないダウンライトを使えば、器具自体に視線を集めずにフォーカルポイントを強調できます。クオリティの良いダウンライトは、電球が器具の奥にすっぽり収まるように設計されているので、グレアが生じません。ただし重要なのは、器具の形状よりも電球のクオリティです（22-25ページ「光源選び」参照）。たとえば、幹線電圧用ダウンライトの明かりは、ローボルトのダウンライトほどくっきりとした白い光ではありません。前者は後者よりも発熱量が多く、ビーム角の範囲もローボルトライトほど広くありません。望みどおりの効果を得るには、ビーム角が適切なものを選ぶようにしてください（右の「ビーム角」を参照のこと）。

ビーム角

1 埋込型の固定式ダウンライトのビーム角は0〜60度。

2 壁に非常に近い場所に設置すれば、壁の質感を引き立てることができる。

3 ライトを使って、床に光だまりをつくる。

ダウンライトの使用目的

- プレイルーム、ユーティリティルーム、キッチン、廊下など、各空間に適した実用的な明るさを確保します。
- ダイニングテーブルやコーヒーテーブルの上、あるいは彫刻を照らしてドラマティックなアクセントに。
- さわやかな光で、床（たとえば廊下の床など）の色合いや質感を強調します。
- 質感のある壁やドアやニッチをかすめるように照明します。
- 演色性に優れた光で、家具やアート作品の色を再現します。

■ ダウンライト器具

◀ **防火フード**
ダウンライト用に天井に埋込穴を設ける場合は、安全のためになるべく防火フードを取りつけましょう。

ビーム角が何度であっても、ベゼル（外縁）が薄く、電球が器具に深く埋め込まれたライトなら、グレアの少ないベストな明かりを空間に届けてくれます。丸まったスプリングがついているタイプよりも、天井に固定されたリングがついているタイプのほうが電球の交換が容易です。

| 深いバッフルタイプの円形ダウンライト | 防水ダウンライト | 反射板付きカプセルライト | 固定式のスクエア型ダウンライト |

埋込型の固定式ダウンライト 65

1 注目を集めるポイント
光を当てたい対象の真上にダウンライトを設置すれば、その物体の上に強い光があたり、下には自然な影ができます。彫刻に光を当てて、インパクトのあるフォーカルポイントをつくりたい時に効果的です。

2 背景を光で洗い流す
LEDダウンライトを壁の近くに取りつけて、キャビネットのドアを光で洗うように照らし、パネルを際立たせます。天井から直接照らすよりも、パネルに光を反射させることで、ソフトで温かみのある表情を生み出せます。

3 質感のあるタイル
狭いシャワールームのタイルの表面をダウンライトでかすめるように照らします。タイルの質感を際立たせることで、視線を奥へと引きつけ、空間に広がりを持たせています。

4 ニッチのポイント
ニッチ内に取りつけた1灯のLEDライト。埋込穴に格納された光源が、ディスプレイされたオブジェに強い反射光を投げかけています。天井からの明かりと違う高さに光を導入したい場合は、ニッチを明るく照らすと効果的です。

■ 仕上げ

一般的にホワイト仕上げのスポットライトは控えめな印象になります。いっぽう、カラー仕上げやメタル仕上げは、ダークウッドなどの天然木によく映えます。カラー天井に取りつける場合は、業者に依頼して器具を天井に合う色に塗装してもらいましょう。

| 白／黒 | ブラッシュドスチール | ニッケル | クローム | ブロンズ | 真鍮 |

ダウンライトの照明プラン

　固定式ダウンライトの扱い方の基本ルールがつかめたら、それを住まいに生かす方法を検討します。まずは光を当てる対象を決め、それに適したビーム角を選びます。次に照明器具の最適な設置位置を考えます。最後にダウンライト器具のスタイルと仕上げをセレクトします。

ダウンライト器具のスタイル

　ダウンライト器具には、円や四角や長方形などさまざまな形があります。ここで押さえておきたいポイントは、電球はつねに丸いということです。これまでは円形のダウンライト器具が主流でしたが、すっきりしたラインの多いモダンな空間では、四角や長方形のほうが馴染みやすいかもしれません。場合によっては、円形器具と四角／長方形器具の組み合わせが効果を発揮することもあるようです。たとえばキッチンでは、アイランドユニットを長方形のダウンライトで、キャビネットをアジャスタブルの円形ダウンライトで照らす方法もあります。

　ダウンライトの枠体にはさまざまな仕上げのタイプがあるので、部屋の雰囲気に合ったものを選ぶことができます。天井に取りつける場合は、周囲の色と馴染む器具を選択しましょう。ステンレス、ポリッシュドクロームやニッケルといったメタル仕上げのベゼル（ダウンライト器具の外縁）は、棚やバスルームニッチなどのタイル面に取りつけるとよく映えます。

モザイクのきらめき
奥の壁近くに設置した防水ダウンライト。光を浴びたモザイクタイルが玉虫色に輝き、シャワー室に奥行きと広がりを与えています。

ダウンライトのビーム角

ひと口にローボルト電球といっても、さまざまなビーム角のランプがあります。ビーム角によって照明効果が大きく異なるので、アート作品の照明では特に重要なポイントになります。ビーム角の異なるライトで、暖炉の棚を照らした例を次に紹介します。光の強さや広がり具合に注目してください。

ビーム角10度：超狭角のライトを使うとドラマティックな光だまりができるので、ダイニングテーブルの上や細長いニッチ内の単一のオブジェを照らしたい時に最適です。

ビーム角15度：狭角のライトは比較的小さなアート作品を照らしたり、コーヒーテーブルの上に光だまりをつくったりするのに便利です。

埋込型の固定式ダウンライト　　**67**

極意　ルーバとレンズ

連続配灯したダウンライトで壁を撫でるように照らす時などに、光の輪郭がくっきり浮かび上がることがあります。こうした光の弧の強いラインを和らげたり、消したりするのに使われるのが、ルーバやレンズです。ソフニングレンズは放射される光を和らげ、サンドブラストレンズはくっきりした光のエッジを消し去ります。

また、アート作品のライティングにもレンズを使えば、光のラインやホットスポットを取り除いて、作品の中心に光をフォーカスすることができます。色彩の強い油絵の照明はレンズなしでもOKですが、水彩画のライティングにはサンドブラストで和らげた繊細な光が必要です。アート作品は1点1点異なるため、ビーム角やレンズを変えながら実際に光を当てて、最高の照明効果を引き出すように思考錯誤していきます。

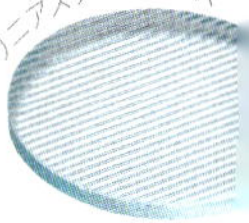

蜂の巣状のハニカムルーバは、電球から放射された明るさのおよそ30%をカットして光を和らげてくれるので、エントランスや部屋の出入り口に使うと効果的です。ただしこうしたレンズが、天井埋込型の照明器具すべてにフィットするとはかぎりません。レンズの装着が可能かどうかを必ず事前にチェックしましょう。貴重な絵画や繊細なファブリックを照らす場合は、照明器具にUVレンズをつければ、有害な紫外線を大幅にカットできます。

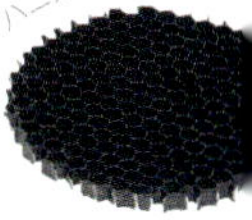

ビームのミックス
中角のライトがプレイルームのクローゼットのドアを照らして、遊び場に適度な反射光を届けています。2灯の狭角ライトから放たれる光が交差して、船の模型をフォーカス。

ビーム角27度：中角のライトは、キッチンユニットやクローゼットなどの垂直面を洗うように照らしたり、アート作品に光を当てたりするのに効果的です。

ビーム角40度あるいは55度：広角のライトは、プレイルームやユーティリティルームなどで空間全体に光を届けたい時に適しています。

するべきこと

- ダウンライトの使用は控えめに。明かりが必要な場所にのみ使用します。
- 広角のライトは全般照明に、狭角のライトはアクセント照明に使用するなど、ビーム角を目的に合わせて選んでください。
- テーブルスタンドの明かりやアッパーライトの光など、高さの異なる明かりとダウンライトの光を織り交ぜて、空間に質感と表情を加えます。
- クオリティの高い電球を使いましょう。寿命が長く、演色性にも優れています。
- レンズやルーバを使ってスカラップ（ダウンライトを壁に近づけた時にできる貝殻形の光の模様）を和らげます（67ページ参照）。

してはいけないこと

- 天井に碁盤目状に、もしくは規則正しくダウンライトを埋め込むこと。床にばかり光が当たるので、空間が狭く見えてしまいます。
- バッフルの浅いダウンライトを使うこと。グレアが生じるので、光を当てているオブジェやエリアに視線が注がれずに、ライトばかりが目立ちます。
- 照射方向を変えられない固定式ダウンライトで、壁のアート作品を照らすこと。固定式ではなく、照射方向を調整できるアジャスタブルダウンライトを使います（70-75ページ参照）。

▲ ニッチを明るく

ニッチのオブジェをダウンライトで引き立てながら、視線を奥へと誘導。このように間接照明を施すことで、天井灯をあまり使わずに済みます。

▶ ドラマティックな　スカラップ

ヘッドボードすれすれに1列に配されたダウンライトで、壁を洗うように照明。レンズをつけていない狭角の電球から放たれた光が、壁に貝殻の模様を描いています。

埋込型の固定式ダウンライト

埋込型のアジャスタブルダウンライト

優れた照明を実現するには、室内の反射光の量を増やすことが欠かせません。そこで頼りになるのがアジャスタブルダウンライトです。これを適切に使うことで反射光を増やすことができます。また、光を効果的に反射させれば、必要となる照明器具の数も減らせます。アジャスタブルスポットライトはアート作品の照明にも最適です。

天井から真下に照らすのではなく、アジャスタブルスポットライトを使って光を反射させることで、照明プランの課題をいくつもクリアできます。アジャスタブルライトで壁などの平面に光を当てて、その反射光で部屋をやわらかく繊細に照らすのです。また、このタイプの光源を使って、絵画や彫刻などを際立たせることもできます。こうした間接照明のほうが、天井を穴だらけにしてダウンライトを埋め込むよりも、賢い照明法といえるでしょう。

器具選び

スポットライト器具は、高価なものほどバッフル(器具内の電球が縁からセットバックしている部分)が深くなる傾向があります。また、黒色バッフルは白色バッフルよりもグレアをさらに軽減するので、黒色バッフルがお勧めです。

固定式ダウンライトと同様に、アジャスタブルダウンライトもラウンド型にこだわる必要はありません。スクエア型やオブロング(長方形)型、さらにはマルチタイプ(器具内に複数のライトが収まっている多連結タイプ)まで、さまざまな種類が販売されています。オーソドックスなラウンド型は、天井面に馴染みやすいのが特徴です。スクエア型やオブロング型を使用する時は、均等に配置しないと視覚的にうるさくなって、アジャスタブルライトを使った意味がなくなる場合もあるので特に注意が必要です。スクエア型やオブロング型は現代的な空間によく馴染みます。

アジャスタブルスポットライトのビーム角

1　55度のビーム角
広角のライトはウォールウォッシャーや、数枚の特大絵画の照明(通常は複数のライトが必要)に最適。

2　40度のビーム角
反射光の拡散や、大きな1枚の絵の照明に便利。

3　27度のビーム角
小さな絵や普通サイズの絵の照明に使用。

4　15度のビーム角
彫刻やアート作品に光をピンポイントに照射。

5　10度のビーム角
狭角のライトは、小さな絵画や彫刻の照明に使用。

■ アジャスタブル照明器具

ベゼル(外縁)が薄く、バッフルの深い器具を選び、首振角度をチェックしましょう。首振角度が30度のものが一般的ですが、首振範囲の大きいほうがフレキシビリティが高まります。丸まったスプリングがついているものよりも、天井に固定されたリングがついているタイプのほうが電球の交換が容易です。

アジャスタブルラウンドスポットライト　　アジャスタブルスクエアスポットライト　　アジャスタブルLEDスポットライト

71

◀ 光の作用
天井に埋め込んだ2灯のスポットライト（ビーム角15度）の光がアート作品で交差して、踊り場のアクセントに。反射した光がスタイリッシュな椅子の上にこぼれて、さらなるフォーカルポイントをつくっています。

取りつけるトランスは必ず性能の良いものを選んでください。この装置はきわめて重要なので、よく吟味しましょう。照明器具のほうが重視されがちですが、性能の良いトランスを使うことで、電球の寿命が延び、調光効率もアップします。

スポットライト用電球

必ず高品質の電球を選ぶこと。一部のメーカーは、最高の演色性を実現する特殊な電球を製造しています。こうした電球は高演色性ランプと呼ばれます。アート作品やカーテンまわりの照明にこのタイプの電球（さまざまなビーム角のものがあります）を使うようにすれば、ゴールドのシルクカーテンが緑がかった色ではなく、本当にゴールド色に見えますし、絵画も画家が意図した色で楽しむことができます。

▲ アジャスタブルウォッシャー
クローゼットのドアを光で洗い流すアジャスタブルスポットライト。配線の都合上、器具をクローゼットの近くに設置できなかったので、首振角度36度のアジャスタブルライトでドアを照らして、反射した光を寝室に届けています。

| アジャスタブルダブルスポットライト(トリム付き) | アジャスタブルローグレア・ダブルスポットライト(トリム無し) | アジャスタブルローグレア・トリプルスポットライト(トリム付き) | アジャスタブルローグレア・クワドループルスポットライト | アジャスタブルポップアップスポットライト |

するべきこと

- アジャスタブルスポットライトの使用は少なめに。明かりが必要な場所にのみ取りつけます。
- グレアの少ない控えめな光が出るように、バッフルの深い器具を選びます。
- 器具の首振角度をチェックします。フレキシビリティを高める35度以上のものがベター。
- 光を当てるフォーカルポイント(アートワークなど)を選びます。
- 適正な場所に器具を設置します。アジャスタブル器具の適正な設置位置は、天井の高さ、首振角度、照明対象の位置で決まります。
- ソフトで均一な光(67ページ参照)と最高の効果が得られるよう適切なレンズを使用します。

してはいけないこと

- 必要以上にダウンライトを使うこと。エネルギーの無駄になるばかりか、照明効果も半減します。
- バッフルのない器具を使うこと。グレアが生じるので、照明対象ではなく、ライトばかりに視線がいく可能性があります。
- アジャスタブルライトを傾斜天井に取りつけること。器具自体に角度がつくので、光をうまく反射させてやわらかな光をつくるのが困難になります。

光をつねにフォーカス
天井から飾り棚を照らすアジャスタブルスポットライト。おだやかに降り注ぐ光がディスプレイされたオブジェの色と質感を際立たせています。照明プランをいじらずに、アイテムの移動や交換ができるので、コレクションをフレキシブルに照らすのに最適です。

アジャスタブルスポットライトの使用目的
■ 空間に反射光を提供します。
■ アート作品を最も効果的に照明します。
■ インパクトのあるフォーカルポイントをつくります。

器具の位置決め

　天井埋込型スポットライトを使うのは、照明対象を引き立てるためであって、ライト自体に視線を集めるためではありません。照明プランの中でスポットライトの位置を決める際には、意図する効果を明確にする必要があります。光でさりげなく演出するには、シンプルスタイルの器具を使うのがベストです。ベゼル(外縁)をナチュラルカラーにすれば、ダウンライトがさらに目立たず、インテリアにしっくりと馴染みます。クローム仕上げやマットブラック仕上げの使用は、特別なケース——天然木の棚に埋め込むなど——以外は避けましょう。

レンズの使用

　ローボルトのスポットライトは丸い光だまりをつくるので、壁に光の輪や弧が映し出されてしまいます。この現象は、器具にレンズをつけ

埋込型のアジャスタブルダウンライト

フレキシブルなライティング
フレキシブルな照明プランを実現するアジャスタブルマルチスポットライト。ここでは部屋の両端に取りつけて、キャビネットの木目を照らしていますが(挿入写真)、照射方向を変えれば、コンソールテーブルの上のオブジェやソファーに光を当てることも可能です。

ることで軽減されます。電球の前面に取りつけたレンズが、光のくっきりしたラインを「和らげて」、ソフトで落ち着いた明かりをつくってくれます。レンズにはさまざまなタイプがあり、それぞれ効果は異なります。サンドブラストレンズ(フロスト加工したガラスディスク)を使えば、光の絵の具で壁を軽くひと塗りしたような効果が生まれるでしょう。ソフニングレンズも同じような働きをしますが、透過光の量が多くなります。スプレッドレンズは、垂直あるいは水平方向——取りつける向きによって変わる——に光を通します(ルーバとレンズについては67ページも参照のこと)。

アートワークの照明

照明対象に適した光の強さを選ぶことが大切です。どの絵画も同じ標準的な50W/12Vの光で照らせばいいわけではなく、水彩画なら20Wか35Wの電球がベストな場合もありますし、色彩の強い油絵なら50Wのライトで照らすのが効果的かもしれません。アートの照明に黄金律はありません。芸術作品の最も効果的な照明法を見つけるには、光の強さやビーム角の異なるさまざまな電球やレンズで試行錯誤を繰り返すしかないようです。

フレーミングプロジェクターの使用

　フレーミングプロジェクターを使うと、ドラマティックにアートを照らすことができます。これは、照明対象の形に合わせて切り抜いたテンプレートに光を通すことで、絵画や彫刻を「光の額縁に入れる」ようにライティングする装置です。とっておきのアート作品を照らせば、投資に見合うだけの結果が得られるでしょう。

　フレーミングプロジェクターは、天井の埋込穴に潜ませるか(この場合はできれば天井裏に深さ140センチ以上の空洞と空洞への入り口が必要になります)、書棚あるいは床に埋め込みます。この装置を使うには、最も効果的な使用法を照明デザイナーに相談し、さらに専門業者に頼んで、照明対象の形に合わせてテンプレートをカットしてもらう必要があります。

鏡の照明

　アジャスタブルスポットライトは鏡の照明にもきわめて有効です。狭角のスポットライトを当てれば、窓から差し込む自然光が鏡に反射した時のような、きらめきが加わります。レトロなアンティークの鏡にもこのライティング手法が効果的です。アジャスタブルスポットライトを適切な位置に取りつけて、ドレッサーの鏡に照明を施せば、素晴らしく

やわらかなシルク
ソフニングレンズ付きのアジャスタブルスポットライトでカーテントリートメントを照らせば、夜にはデッドスペースになりがちな張出し窓が華やぎ、カーテンも引き立ちます。光のくっきりした輪郭や、ファブリック上に生まれるホットスポットをソフニングレンズが和らげてくれます。

質感のあるハイライト
中角のアジャスタブルスポットライトを適切な位置に設置すれば、鏡と顔面に光がきれいに当たり、石壁の質感も際立ちます。

透明感のある光で顔面が照らされます。きつい光や不快な影も、温かみのある光を鏡の両サイドから当てることで、簡単に修正できます。

窓まわりのスポットライティング

　アジャスタブルスポットライトでブラインドやシャッターやカーテンのファブリックを光で洗うように照らせば、曇り空の日中でも陽光が降り注いでいるように演出できますし、ファブリックの色合いや質感も際立ちます。さらに、夜になってカーテンやブラインドを閉めた時に窓まわりが「デッドスペース」になるのを防ぐこともできます。

　同じテクニックを棚のライティングに応用することも可能です。光源を棚板に埋め込めない場合は、天井からスポットライトを当てることで、ディスプレイされたオーナメントや書物に注目を集めることができます。寝室や化粧室では、アジャスタブルダウンライトでクローゼットのドアを照らせば、均一な反射光が得られますし、ドアを開けた時にクローゼットの中が明るくなります。

スポットライト用LED
幹線電圧用やローボルト電球の代替品となるLED電球が、以前に比べて手軽に入手できるようになりました。しかし出力や演色性の点では、まだ従来の電球には及びません。

直付型照明

ライトの埋込スペースがない時や、天井に埋込穴を開けられない場合でも、直付型の照明器具を使えば、埋込型と同じような効果が得られます。このタイプのライトはアートワークの照明や、建物のディテールを引き立てるライトアップにも使えます。

直付タイプの照明器具の形やサイズはバラエティ豊かです。スポットライト（トランス一体型あるいはトランス別）としてデザインされたものや、アッパーライト専用につくられたものがあります。当然ながら、どちらのタイプも埋込型に比べて目につきやすいので、電球も器具もなるべく目立たないように取りつけることが重要です。

直付型スポットライト

一般的に直付型スポットライトには、幹線電圧用電球、ダイクロイックミラー付きローボルト電球、あるいはカプセル電球が使われます。さらなる効果を得たい時は、ビーム角の選択肢が豊富で演色性にも優れているローボルトバージョンがお勧めです。このタイプの器具は、天井や梁や桁に取りつけられます。

器具の中に電球がすっぽり収まっているタイプか、光漏れを軽減するグレアカウル（カバー）がついているタイプを使い、照明対象に光が集まるかどうかをチェックします。埋込型スポットライトと同様に、直付型器具の多くもレンズやルーバを装着して、光を和らげたり調整したりできるようになっています。

カプセルランプを直付型スポットライトに使えば、壁を洗うように照らすことができます。このタイプの光源は、壁のタペストリーやアートワークのような大きな対象の照明にも使えます。

使用法

アジャスタブルスポットライト
アートワークの照明やウォールウォッシャーとして使用。光を和らげるレンズと併用できる器具を選びます。

スポットライトをダウンライトとして使用
ライトを埋め込むスペースがないバスルームやシャワー室で、壁を洗うように照明。複数のライトを連続配灯すれば効果もアップします。ビーム角の異なるライトを使うことで、力強い光のパターンが生み出されます。

スポットライトをダウンライト／アッパーライトとして使用
狭角の電球をスポットライトに使って、建物のディテールを浮かび上がらせます。器具は梁の横や壁に設置。

■ スポットライト器具

スポットライトの器具を選ぶ際には、スタイルよりも機能重視で選びましょう。見た目がどれだけ良くても、目的を果たせなければ意味がありません。表面仕上げも重要です。設置した壁や天井に馴染むものを選びましょう。あらゆる光を反射するアルミの器具なら周囲に溶け込みやすいので、オーソドックスな部屋にも使用できます。

バッフルが深いスポットライト

ローグレアスポットライト

ウォールウォッシャー

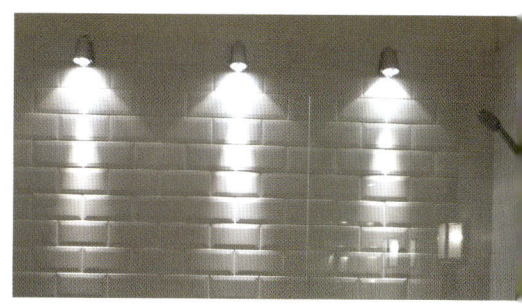

◄ 清らかな光に満ちて

天井のアップスタンドに取りつけたスポットライトで、廊下全体に光を届けて。

▲ 光とスペース

埋込穴のないシャワー室では、2灯の壁付ダウンライトを壁に取りつけることで、実用的な明かりを確保。落ち着きのある光がタイルの色合いや質感を際立たせています（上）。その下の写真ではオーソドックスな壁付ダウンライトが、都会的でシックなタイルの壁をドラマティックに照明。広角の電球を使って人目を引くポイントをつくることで、視線を奥へと引きつけ、空間に広がりを持たせています。

固定式チューブラダウンライト	チューブラツインスポットライト	アジャスタブル・チューブラスポットライト	グレアカウル

光の二重構造
梁の上に設置した照明で、壁を広くライトアップ。建物の特徴を引き立てて、廊下を開放的に見せています。さらに梁に取りつけたスポットライトで、絵画や彫刻を明るく照明。

直付型照明

　ローボルトのスポットライトを使う際には、トランスの位置に注意します。トランスはリモコントランスか電子トランスになると思いますが、選ぶトランスによって器具の位置が限定されるかもしれません。一般的に電子トランスは器具の1m以内に設置する必要があります。いっぽう、リモコントランスは器具から4mまでか、それ以上離すことができます（トランスのタイプやケーブルの幅によって異なります）。以上のオプションが難しい場合は、トランス一体型の器具を選びましょう。

直付型アッパーライト

　注文住宅なら、家庭用電源電圧の白熱ランプをアッパーライトとして梁の上に取りつけ、屋内の隙間や空洞——三角屋根の屋根裏など——を照らし上げる方法もあります。この種の照明は取りつけも簡単ですし、明るい反射光や減光したやわらかな光を空間に届けてくれます。ただし、こうしたライトは発熱量が大きいので、設置の際には注意が必要です。器具の台座は耐熱性のあるものを選ぶのがベストです。最近では赤外線反射膜付き（IRC）電球（26ページ参照）などの省エネタイプの電球も出回っていますが、省エネ技術の進歩とともに、リニアLEDのような発熱量の少ないタイプが省エネ光源の主流になりつつあります。

▲ スタイルのステートメント
建材パイプスタイルのスポットライト。アートの照明に最適なダイクロイックミラー付きローボルト電球が内蔵されています。関節のように折れ曲がる連結部のデザインのおかげで、必要な場所に均一な光を届けることができます。ここでは照明が、絵画に負けないくらいのインパクトを見る者に与えています。

◀ 繊細なタッチで
目立たない位置に取りつけたローボルトのスポットライトでバーキャビネットを明るく照らして、上品で洗練された雰囲気を演出。キャビネットのボトルやグラスに優美な輝きを添えています。

するべきこと

- あくまでさりげなく。なるべく照明器具が見えないように設置します。
- 電球を交換しやすいかどうかなど、メンテナンスのことも考慮します。
- トランス（リモコントランス／電子トランス）やドライバの設置場所もつねに頭に入れておきます。

してはいけないこと

- 低い天井（2.3m以下）にスポットライトを取りつけること。部屋に圧迫感を与え、天井をさらに低く見せてしまいます。
- 設置場所付近の内装材を考慮せずに、ハロゲンランプのような発熱量の大きい光源を使うこと。

直付型スポットライトの使用目的

■ 埋込穴を確保できない時に、実用的でありながらも控えめな明かりを室内に届けます。
■ アート作品の照明にふさわしい明かりを提供します。
■ ウォールウォッシャーや屋根裏のライトアップ。

直付型ライトを効果的に使うコツ

スポットライトの設置に際して犯しやすいミスがいくつかあるので、それを避けるための秘訣を以下に紹介します。

■ アート作品を照明する時に、平らな天井に取りつけたスポットライトで適切な距離から作品を照らすのは一見良いように思えますが、これではスポットライト器具が丸見えになってしまいます。傾けたり曲げたりできるナックルジョイントのついた器具なら、フレキシビリティが高まり、見えない位置に設置できます。

■ 天窓の下にテーブルが置かれている場合は、天窓のアップスタンドに低グレアのスポットライトを取りつけて、必要に応じて実用的な明るさをテーブルの上に提供します。また、夕食時などには減光して、落ち着いた明かりにするといいでしょう。この方法は、キッチンを広く見せるために設置された傾斜ガラスルーフなどにも効果的です。

■ 古い納屋や現代のロフトの改装には、直付型ダウンライトやアッパーライトで、建物のディテールを照らすこともできます。また、梁のサイドにスポットライトを取りつけて、部屋の中央やコーヒーテーブルなどに光を当てるのもいいでしょう。

■ 固定式スポットライト（アジャスタブルではない）はウォールウォッシャーにも使えます。たとえば埋込穴のないバスルームやシャワー室で、目線より上に防水照明器具を取りつけてタイルや壁を撫でるように照らせば、空間をドラマティックに彩りながら機能的な明かりを届けることができます。

◀ ▶ 俯瞰するように
天井高が普通の3倍近くあるエリアが、スポットライトで生き生きとした空間に。非常に高い位置から歴史的な趣のある建物を照らして、空間に広がりを持たせています。低グレアのスポットライトで屋根裏をかすめるようにライトアップ（一番左の写真）。中央のテーブルと煙突に掛けた絵画の照明には、2灯の100Wライトをそれぞれ使用（左と次頁）。

直付型照明 81

配線ダクト照明

アート作品を照明したいけれど埋込穴の深さが確保できない時や、限られた予算で全般照明を施したい時にフレキシブルな解決策を提供してくれるのが、巧みに設計された配線ダクトレールです。

このタイプの照明は取りつけが簡単で、一般的にお金もあまりかかりません。ただし、配線ダクトを使った照明にはグレア調整が難しいものが多いので注意が必要です。よくあるのが天井直付型のプレートにライトを束ねてつけたデザインですが、これは光線があちこちに散らばるばかりで全般照明には向きません。このようなケースでは、通常はペンダントを使うほうが効果的です。

適切な配線ダクトを選ぶ

配線ダクト照明しか選択肢がない場合や、これが第一候補である場合は、多少値が張ってもクオリティの高いローボルトシステムを使うのがお勧めです。スポットライトを束ねたスタンダードなデザインは避けて、1列に配灯できる直線形レールを選びましょう。そのほうが天井が煩わしい印象にならないし、悪目立ちすることもほとんどありません。配線ダクトを特殊なデザインにすると効果的な場合——丸いキッチンアイランドの上にスポットライトを環状に取りつけるケースなど——もあります。明かりが必要な場所を特定し、それに見合う配線ダクトのスタイルを選ぶことがポイントになります。最も成功しやすいのは、配線ダクト自体が目立たないデザインです。

ローボルトの配線ダクトシステムにすれば、クオリティが高く、ビーム角が的確な電球を使用できるので、ベストな明かりを空間に届けることができます。さらにクリップオンレンズやハニカムルーバを装着して、おだやかな明かりをつくることも可能です。ただし、ローボルトの

配線ダクトレールのオプション

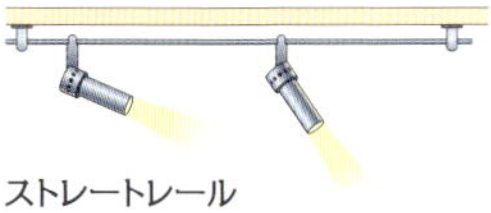

ストレートレール
角度を変えて両サイドに照射できる直線形配線ダクトシステム。スポットライトを束ねるよりも見た目がすっきり。

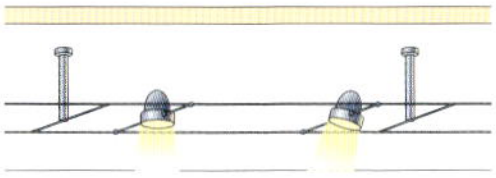

ツインレール
ストレートレールに装飾性の高い灯具を追加できるタイプ。他のスポットライトと平行して光源を使用できるので、レールが1本の場合よりもフレキシビリティが高まる。

ピクチャーライトレール
壁や天井に直付けできる直線形レールシステム。アートの照明に便利な細長い柄のついたスポットライトが使われる。

■ 配線ダクト照明器具

シンプルなシステムなら必ずうまくいきます。電球が奥に収まっていてグレアが生じにくい器具と、電球をカウルでカバーできる配線ダクトシステムをなるべく選んでください。

シンプルなレール直付型スポットライト | セットダウン・レールスポットライト  | ホワイトセットダウン・レールスポットライト  | ミニマルバックスポットライト  | レトロスタイル・レールスポットライト

◀ 表面的な解決策

配線ダクトシステムを使えば、埋込スペースのない天井面や壁面などのさまざまな表面にもライトを設置できます。どの角度からも電球が見えないように器具がデザインされています。

◀ フレキシブルなツインシステム

装飾性の高い器具を照明プランに追加できるツインレールシステム。スポットライトで実用的な光を届け、シェード付きダウンライトで部屋の中央にやわらかな光だまりをつくります。

▲ お茶目なカーブ

プレイルームや子供部屋に遊び心を加えるのに最適なのがカーブレールシステムです。ただしカーブの多用は禁物。主役はあくまで照明対象なので、灯具に視線が集まらないよう注意しましょう。

システムではトランスの位置も必ず考慮してください。配線ダクトシステムの中にはトランス一体型のものもあります。一体型ならすべてがコンパクトに収まっていて、取りつけも簡単ですが、このタイプのトランスには調光に対応していないものもあります。なるべくなら調光が可能なトランスを選ぶといいでしょう。よく使われるリモコントランスの中には、壁付けできるタイプも市販されています。できるだけ人目につかない場所に隠しておけるリモコントランスを選びましょう。

| アーム付きレールスポットライト | 埋込型レール・ストークスポットライト | 埋込型アダプタブルレール | 抗グレアルーバ付きスポットライト | 非埋込型アダプタブルレール |

LED光源も配線ダクトシステムに使用できますが、放出される光が比較的弱く──20W/12Vに相当する程度──光色も灰色がかったくすんだ色になります*。ディスプレイユニットに陳列された繊細なオブジェの照明には、目立ちにくい小型の光ファイバー配線ダクトシステムが最適です。

天井に直付けするだけが配線ダクトシステムではないことを覚えておくと便利です。照明器具が目につきにくい形で（ワイヤーかロッドで）固定できれば、どこから吊り下げてもOKです。

アートのディスプレイ

配線ダクトを使うと、ライトをレールに沿って移動させることができるので、複数のライトを寄せて、特定の対象やエリアを照明することができます。リモコン式の配線ダクトシステムなら首振り角度を調整できるので、梯子を使わなくてもベストな効果が得られます。アート作品などの展示品を定期的に入れ替える時には、こうしたオプションが重宝します。

狭いスペースで

ギャラリーキッチンなど、ライトを埋め込む余裕のない狭いスペースにも配線ダクトシステムが効果的です。部屋のサイドを照らすようにスポットライトの照射方向を調整すれば、壁面や作業面に光が効率よく届きます。

するべきこと

- ローボルトタイプを使ってシャープで明るい光に。
- 展示物を頻繁に変えるアート作品の照明など、フレキシビリティが要求される場合はローボルトの配線ダクトシステムを選びましょう。
- 照明の位置が最適でない場合は、クリップオンレンズやルーバをつけてグレアを抑えます。
- 反射板が銀色のタイプを使用して、電球の背面が淡紅色に光るのを防ぎます。

してはいけないこと

- 他にも選択肢があるのに、幹線電圧用のスポットライトを選ぶこと。
- スポットライトを1箇所に集めて照明すること。グレアの原因になります。
- 調光できないタイプを選択すること。

*現在、電球色も容易に入手できる。

パンチの利いたスポットライト

特大の絵画の照明には、迫力のあるスポットライトが効果的。特に油彩画はローボルトライトで照らすとよく映えます。深いカウル（カバー）でグレアを抑制。

配線ダクト照明　　85

◀ **具体的な解決法**
　コンクリート・ソリューション

埋込穴の開けられないコンクリートの天井でも、シンプルな配線ダクトシステムを取りつければ、低予算で問題解決。角度調整が可能なので、必要な場所に光を届けることができます。

▼ **ミニチュアのライトで**

アート作品に光を集めるのに最適なミニチュアの縦長ダクトシステム。発熱量の少ないLEDスポットライトなら、貴重なアートワークを安全に照らすことができます。

キャビネットの中に

　小さな配線ダクトシステムなら、飾り棚のコレクションを安全かつ効果的に照らすことができます。こうしたケースでは過熱のリスクを避けるためにも、光ファイバーのキットを選ぶといいでしょう。ジェルシートを使えば、コレクションに合わせて光の色を簡単に変えることができます。光ファイバー以外では、ダイクロイックミラー付き電球の器具も使えますが、この電球は発熱するうえに、演色性と寿命の面で光ファイバーに劣ります。

ストレッチ
ワイヤー照明

引っ掛けシーリングや埋込穴を使えない場所に、現代的な照明をさりげなく施したい時は、フレキシブルに活用できるストレッチワイヤーシステムがぴったりです。

ストレッチワイヤーシステムにすれば、固定式の配線ダクトシステムよりも選択の幅が広がります。ストレッチワイヤーシステムの多くには、さまざまなワット数のローボルト電球 (50、75、100W) が使えるので、天井の高い部屋やライトを埋め込むスペースがない部屋に最適です。100Wのローボルト電球を選べば、高さおよそ3.5mの天井からある程度の全般照明を施すことができます。

ストレッチワイヤーシステムの多くにはさまざまな電球が使用できるので、デザインの選択肢が豊富です。一般的に最もすっきり見えるのは、半業務用やミニマルなタイプでしょう。こうしたデザインはシステム全体に「浮遊感」を与えて、光源を軽やかに見せてくれます。

一般的に配線ダクトシステムでは、器具がその場に固定されているため、光を照射できる範囲も限られています。しかしストレッチワイヤーシステムなら、ワイヤーに沿ってランプ (器具) を、光が必要な場所に移動させることができます。器具によってはランプが180度回転可能なものもあるので、アッパーライトとダウンライトのどちらにも使えます。作業用のタスクライトには広角の低グレア電球を、アートワークの照明には狭角で低グレアのスポットライトを使うといいでしょう。

シンプルに張るだけ

回転可能なスポットライトのついたストレッチワイヤーシステム。ラインのくっきりとした天窓に取りつけていますが、ミニマルなデザインのおかげで目立つこともなく、夜間の調理に欠かせない光を中央のアイランドに届けています。

■ ストレッチワイヤー器具

ストレッチワイヤーシステムの成功の秘訣は器具を目立たせないことです。それには半業務用やミニマルなデザインがお勧めです。また電球を回転させられるシステムを使うと、必要な場所に光を照射できます。クリップオンレンズは集光やグレアのカットに役立ちます。

フルアジャスタブル
標準ハロゲンスポットライト

フルアジャスタブル
大型スーパースポットライト

ストレッチワイヤー照明　　87

▶ 光だまり

低グレアのスーパースポットライトで、キッチンのメインとなる作業スペースに光をフォーカス。器具はワイヤーに沿って移動可能なので、必要な場所に光を届けることができます。光が幾重にも交差するインテリアにストレッチワイヤーが調和して、天井の低さを感じさせません。

▲ 光のデザイン

ストレッチワイヤーシステムに吊り下げられたユニークな形のスポットライトが、空間に遊び心を加えています。どちらにもカウル（カバー）をつけてグレアを防止。

ストレッチワイヤーの
オプション

1

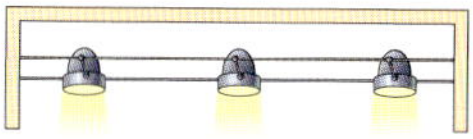

2

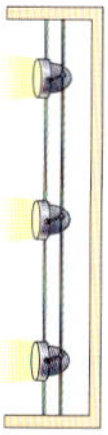

1 シンプルなダウンライト

2つのポイントの間に張られたシステム。50mmの標準ダイクロイックミラー付きローボルト電球を使用するシステムは、低い天井に最適。

2 アッパーライトとダウンライトのコンビネーション

高さが2.6m以上の天井には大きめの電球を合わせます。灯具を回転させればアッパーライトとしても使用可能。

3 垂直システム

垂直システムを使う際にはグレアに注意。アクセサリを取りつけて、必要な場所に光を照射。

3

| アジャスタブル・チューブ／スポットライト | 全平面用シングルマウント固定具 | スタンドオフ型ダブルマウント固定具 | 天井専用固定具 | 天井コーナー用固定具 |

するべきこと

- 照明を埋め込めない場所にストレッチワイヤーシステムを採用して、アート作品を照らしたり、タスク照明を広範囲に届けたりします。場合によっては、アッパーライトにも使用します。
- 最適な位置に器具を設置できない時は、クリップオンレンズやルーバを装着してグレアを抑えます(67ページ参照)。
- 反射板が銀色のものを使用して、電球の背面が淡紅色に光るのを防ぎます。

してはいけないこと

- 補助固定具を使わずに、ワイヤーを12m以上伸ばして使うこと(そうしたケースでは補助の固定具を追加する必要があります)。

▼ 宙吊りマジック

変化に富んだストレッチワイヤーシステムで、吹き抜けの空間に視覚的なインパクトを。何ものにも支えられずに浮遊して見える器具(壁のプレートが電力源)が、どこか神秘的な雰囲気を漂わせながら、照明が困難な空間に実用的な明かりを届けています。

アッパーライトには広角の電球が向いています。

ストレッチワイヤーシステムの多くは、10-11mまで伸長できます。より長い距離をカバーしたい場合には補助システムが必要になります。肝心なのは、ワイヤーをしっかり固定できる2つのポイントを確保すること。通常ワイヤーは水平方向に伸ばして(両サイドの壁をつなぐように固定して)使用しますが、場合よっては、垂直方向に伸ばして使うこともあります。

配線ダクトシステムと同様に、ストレッチワイヤーシステムの中には、クリップオンレンズやルーバが装着可能なものもあります。これならフレキシビリティもさらに高まり、グレアが抑制されて光源が目立たないので、可能であればこのタイプを選びましょう。

トランスはどのタイプ——壁付式か、できればリモコン式——であれ、設置場所を検討しなければなりません。電圧降下を避けるためにも、トランスから器具までの距離を頭に入れておきましょう。

ストレッチワイヤーシステムの使用目的

- ライトを埋め込めない場所やアート作品をさりげなく照明します。
- ライトの設置が困難な空間を明るく照らします。
- 天窓内に取りつけて、テーブルやキッチンアイランドに光を届けます。

ストレッチワイヤーシステムを効果的に使うコツ

ストレッチワイヤー照明は、天窓に取りつけて、その下——キッチンアイランドなど——にタスク照明を届けるのに最適です。このシステムは非常にミニマルなデザインなので、納屋を改装した空間などのレトロな場所にもしっくりと馴染みます。一部のシステムでは、さまざまなタイプの電球から好きなランプが選べます。

▶ おだやかな勾配

高ワットの電球をつけたクラシカルなストレッチワイヤーシステム。規則正しく配された梁のすっきりとしたラインを乱すことなく、切妻天井のある空間に機能的な光を届けています。

ストレッチワイヤー照明　　89

壁付アッパー /
ダウンライト

むらのない均一な光を加えたい時や、効果的なタスクライトが必要な時に最適なのがこのオプションです。

空間をもっと明るくしたいけれど、予算はあまりかけたくない。埋込穴を開けずに実用的な光を確保したい。そんな時に役立つのが、壁付アッパー / ダウンライト (上下両方に光を照射する照明器具) です。アッパーブラケットやダウンブラケットに使う光源には、全長が短い両口金形ハロゲン (24ページ参照) や省エネタイプのコンパクト型蛍光灯が最適です。ハロゲン電球には調光しやすいという特長があります。コンパクト型蛍光ランプは一般的に冷たい色の光を放ちますが、質の良い電球を選べば、灰色がかった冷たい光ではなく、温かみのある光になります。最近では調光可能なコンパクト型蛍光ランプも出回っているので、寝室でも機能的に使うことができます。

器具を選ぶとしたら、壁に密着したスリムなタイプが部屋に馴染みやすくベストです。生漆喰仕上げなら壁の色に合わせて自分でペイントできるので失敗も少なく、オーソドックスな部屋にも現代的な空間にも合うでしょう。ブラケットの上は、光を反射させるスペースを必ず開けておいてください。使用する電球の明るさやタイプにもよりますが、300-510 mmは開けておくといいでしょう。

アッパー / ダウンライトを使えば、実用に適したアッパーライトとドラマティックなダウンライトを同時に施すことができます。

白熱電球は発熱量が大きいので、漆喰の照明器具に設置できるのは最大で200Wの電球になります。いっぽう、26Wのランプがダブルでついているコンパクト型蛍光灯器具には、漆喰仕上げのデザイ

光の放射

1 真上に細く
狭角のアッパーライトで内装を照明。

2 広くウォッシュアップ
大きなアッパーライトで天井を広く照らして、空間に均一な反射光を提供。

3 真上と真下に
壁にアッパー / ダウンライトをいくつも配して、ビーム角の異なる光で、無地の壁を装飾。

4 真下に
ストレートのダウンライトで観葉植物の寄せ植えや建物のディテールを強調。

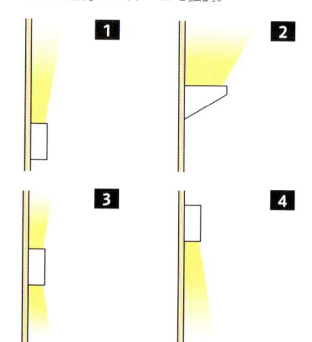

■ アッパーライトとアッパー / ダウンライト

生漆喰仕上げのブラケットを使って、手軽にミニマルな印象に。このタイプはインテリアに合わせてペイントすることもできます。メタル仕上げなら屋外にも設置できるので、取付場所の幅が広がります。

極細チューブラ・アッパー&ダウンライト / レイヤードセラミック・アッパー&ダウンライト / リング型セラミック・アッパー&ダウンライト / トール型メタル・アッパー&ダウンライト

壁付アッパー / ダウンライト

◀ **コンパクトな演出**
シンプルなスクエア型アッパー / ダウンライトが、無機質な空間に光のドラマを添えています。

▶ **透明感のある空間**
バスルームのシンプルな空間にドラマティックなバックグラウンド照明を施すチューブラのアッパー / ダウンライト。狭角の電球が勢いよく流れる光の滝をつくり、壁面を光輝く額縁で装飾しています。すっきりとしたニッケル仕上げのブラケットがきらめく装飾と見事に調和。

ンやシンプルでカラフルなシルクシェードのついたタイプがあります。シェード付きのものは、蛍光灯の冷たい色合いをカバーしてくれるのでかなり重宝します。

壁付アッパーライトの使用目的
- 影のできにくい均一な反射光を追加します。
- ライトの埋込スペースがない場所に取りつけて、実用的な明かりを提供します。

◀ **ニートにフィット**
トラディショナルな空間にも映える現代的なブラケット。窓を縁取るアッパー / ダウンライトが、空間や建物の雰囲気に違和感なく溶け込んでいます。視線を上下に引きつけて、空間を広く見せる効果も。

| 小型メタルキューブ・アッパー / ダウンライト | ファブリックシェード・アッパー＆ダウンライト | ウッドキューブ・アッパー＆ダウンライト | スリム漆喰アッパーライト | カーブ型アルミアッパーライト | ボール型アッパーライト |

優れたライティングの原則

◀ 規則正しいリズム

アッパー/ダウンライトが倉庫のような空間に彩りを添え、煉瓦壁の色合いと風合いを際立たせています。ブラケットの多灯使いで、硬質な空間をソフトでおだやかな印象に。

▼ 機能的ミニマリズム

ほとんどの空間に馴染む生漆喰仕上げのアッパー/ダウンライトは、手軽に省エネ対策ができる優れもの。専用の回路に配線すれば、必要に応じてブラケットだけで部屋の照度を上げることができます。落ち着きのあるソフトな夜の雰囲気は他の光源で演出しましょう。

するべきこと

- ブラケットの上に十分なスペースを開けて光を拡散します。
- 上質なコンパクト型蛍光灯を選んで、温かみのある光を提供します。
- 下向きのブラケットの場合、電球が見えないようディフューザー（光を拡散させる半透明のスクリーン）を使用しましょう。

してはいけないこと

- 天井が低い空間（天井高2.2m未満）に壁付アッパーライトを使うこと。

壮大にしてシンプル

アッパー/ダウンライトとフロアウォッシャーが、由緒ある建物に増築された現代的な空間に溶け込みながら、必要な明かりをふんだんに届けています。狭角の電球で「エッジ」の効いた表情を加えて。

ブラケットを効果的に使うコツ

　壁付アッパー/ダウンブラケットを使えば、住まいの照明をさまざまな形でセンスアップできます。

■ アッパーブラケットをクローゼットの両サイドに1灯ずつ取りつけて寝室の壁を縁取る方法や、デスクの上に設置して実用的な明かりを部屋に届ける方法があります。

■ 子供部屋やゲストルームに。テーブルスタンドの代わりにアッパー/ダウンライトを使えば、上下に放たれる2層の光で手軽かつ経済的に照明できます。

質感のハーモニー

壁と同じ特殊な仕上げが施された長方形の生漆喰ブラケットが、壁面に違和感なく溶け込んでいます。彫刻に視線が集まるように、ほのかな明かりでさりげなく演出。

壁付アッパー / ダウンライト

脇役に徹して

空間にアンビエント照明を施すスリムな漆喰ブラケット。天井埋込型スポットライトが照らす絵画にさらに視線が集まるよう、さりげなくサポートしています。隣接する壁のスクエア型アッパー / ダウンライトで、ダイニングエリアとその向こうのキッチンスペースにつながりを持たせて。

- 吹き抜けの空間にアッパー / ダウンライトを使って、屋根裏の構造を照らし、オープンスペースにつながりを持たせて空間に活力を与えます。
- ベッドサイドの読書灯用スペースが限られている時は、小さなキューブ型壁付ダウンライトが効果的です。このタイプの照明を設置するのに最適な高さは、ベッドの種類とヘッドボードの高さおよび幅によって異なりますが、床から 1.1-1.3m 程度離せば、ほとんどのシチュエーションでうまくいくでしょう。
- 階段の曲がり部分が狭い場合は、スクエア型の壁付アッパー / ダウンライトを使うと、スペースをほとんど取ることなく手軽に照明できます。このタイプのブラケットは、足元に注意が必要な場所にグレアのない光を届けてくれますし、メンテナンスがしやすい場所に設置できるというメリットもあります。メタル仕上げのものや、壁の色に合わせてペイントできる漆喰タイプのものを選んで、空間にアクセントを添えましょう。

床埋込型アッパーライトと壁埋込型フロアウォッシャー

パンチの効いた演出を施したい時や、落ち着いた夜の明かりが欲しい時に役立つのが、アッパーライトとフロアウォッシャーです。

床埋設型のアッパーライトは、床の埋込穴に取りつけて、壁や暖炉などの垂直面やオブジェをライトアップする照明です。光源は必ず壁の近くに設置しましょう。壁から離しすぎると、光を反射させる対象がなくなるので、ただ空間を照らすだけになってしまいます。このタイプの照明でアーチ形の出入り口や窓、暖炉など、建物の特徴的なポイントに光を当てて、そこに注意を引きつけるようにします。

フロアウォッシャーは、壁の低い位置にフラットに取りつけて、床や階段の踏面を光で洗うようにやさしく照らすものです。取りつける際には、床から230mm程度離してください。ライトが階段や床に近すぎるとホットスポットが生じてしまいますし、床から離し過ぎると照明のインパクトが薄れてしまいます。壁埋込型フロアウォッシャーは階段や廊下の足元灯にも、バスルームや子供用寝室の常夜灯にも最適です。

一般的にこうした照明器具にはローボルトの光源を取りつけるため、トランスが必要になります。物や布地が照明器具に接触しないよう注意しましょう。最近では、触れても熱くないLEDライトもあるので、光源の発熱が問題となる場所の照明にはぴったりです。ただし、こうしたライトを使う場合はドライバが必要になります。また埋込穴の深さを慎重に検討しなくてはなりません。

光の方向と広がり

1 低位置に取りつけた壁埋込型フロアウォッシャー
おだやかな光だまりをつくって、床の色合いや質感を強調。

2 床埋設型アッパーライト
直立しているもの(この場合は暖炉の脇柱)の近くに取りつけて、その表面をさっと照らし、視線をフォーカルポイントに引きつけます。

3 壁埋込型ステップウォッシャー
壁の低位置に埋め込んだステップウォッシャーが、段板表面を光で包んで広がり感を演出。視線を階段からその先の空間へと誘導します。

■ 低位置用照明器具

LEDライトの進化のおかげで、壁埋込型/床埋設型アッパーライトの小型化が可能になりました。以前に比べて深く埋め込む必要がなくなったので、床や壁に簡単に取りつけて、空間に実用的な光を加えることができます。ここで紹介しているのは、すべてLEDです。

小型フロアウォッシャー　標準サイズのフロアウォッシャー　スロット型フロアウォッシャー

◀ **夜の通路**
バスルームの床の色合いと質感を際立たせるフロアウォッシャー。便利な常夜灯として機能しつつ、バスタイムにはくつろぎの明かりを提供します。

▲ **建物のアクセント**
触れても熱くないアッパーライトを窓枠に深く埋め込み、よろい戸をライトアップ。窓まわりのディテールをほのかに浮かび上がらせています。同じタイプの照明器具を窓枠トップの下に取りつけて、窓台にも光だまりを。

床埋設型アッパーライトの使用目的
■ 暖炉や窓まわりを素敵なフォーカルポイントに。
■ 彫刻や台座を背後からライトアップ。

壁埋込型フロアウォッシャーの使用目的
■ 低位置から踏面を照らして、階段をスタイリッシュかつ機能的に照明。
■ バスルームや廊下沿いに繊細な明かりを提供。

| 壁埋込/床埋設型 アッパーライト | 壁埋込/床埋設型 ローグレア・アッパーライト | 壁埋込/床埋設型 アイリッド・アッパーライト もしくはフロアウォッシャー |

▶ **堂々と奥に進んで**
絵画を額に入れるように照らすアッパーライトで、視線をエントランスの奥へと誘導。壁埋込型フロアウォッシャーが空間にリズムを与え、連続感を生み出しています。

▲ **額縁効果が生み出す完璧なバランス**
暖炉の縦枠をライトアップして、暖炉を印象的なフォーカルポイントに。低位置に光のアクセントをつくることで、天井のローボルトスポットライトで照らされた壁の絵との視覚的なバランスをとっています。

アクセントとフォーカルポイントをつくる

　特徴のない部屋でも、床埋設型のアッパーライトを使えば、光の層を加えつつ、オブジェに光を当ててフォーカルポイントをつくることができます。本棚の目地に設置して隙間をライトアップする方法や、アーチ形の入り口やドアフレームなどの建物のディテールを浮かび上がらせる方法もあります。廊下に取りつけると視線が奥に誘導されるので、とりわけ効果的です。

　彫刻などのアート作品にユニークな演出を加えるには、台座の後ろの床にアッパーライトを埋め込んで、背後から台座やオブジェを照らしてシルエットをつくるといいでしょう。あるいは、オブジェの両サイドの床にアッパーライトを埋め込んで、オブジェを光で縁取るように照らし上げても素敵です。

ステップライト

　ブラケットの設置スペースがない場合や、埋込型ライトが不向きな空間——傾斜天井など——では、床に埋め込んだステップライトで階段を照明することができます。調光可能なローボルトタイプを使え

するべきこと

- ファブリックやよろい戸や窓の近くには、熱を持ちにくい光源を使用します。
- アッパーライトやフロアウォッシャーにはなるべくLEDライトを選択しましょう。
- 暖炉などをライトアップして、フォーカルポイントをつくります。

してはいけないこと

- 人が裸足で歩くような場所に発熱量の多い光源を使うこと。
- フロアウォッシャーをシャワー室の床や壁に埋め込むこと。器具とタイルの間をどれほどきっちり目張りしても、安全とはいえません。

低い位置でつながって

キッチンアイランドのキックプレートに埋め込んだライトで床をやさしく洗うように照らし、その色合いとテクスチャーを強調。同じ明かりが、ダイニングとクッキングエリアにつながりを持たせています。この低位置の光の層とコントラストを成すように、壁のブラケットと天井のローグレアスポットライトからも光を照射して、質感豊かで重層的な照明を機能的なキッチンスペースに施しています。

優れたライティングの原則

◀ プラグイン・ハイライト
LEDライトをジョイント部分に埋め込んで、コーニスのディテールをライトアップ。コンセントに照明を接続するこの方法なら、配線工事のやり直しができない場合でも、空間に光のアクセントをつけることができます。

▲ 階段の輪郭をなぞるように
壁に埋め込んだスクエア型ステップウォッシャー。機能的でスタイリッシュな光が、階段のくっきりとした直線的な輪郭と響き合い、独特のハーモニーを奏でています。

ば、階段をやさしく照らして、床材の色やテクスチャーを美しく際立たせることができます。

　エネルギー効率の高いLEDライトを使用する場合は、冷たい感じのする光色ではなく、演色性の高い温白色のものを選びましょう。LEDライトは長時間点灯しても熱くならず、消費電力が抑えられるので常夜灯に最適です。

　円筒形のフロアライトやステップライトを階段室に取りつけて、踏面を撫でるように照らせば、そこに段差があることを知らせつつ、空間に光の層を加えることができます。幅の広い階段に使う場合は、狭角の照明で踏面に光を集めると効果的です。

床埋込型アッパーライトと壁埋込型フロアウォッシャー

▼ **絶妙なバランス**

バスルームに理想的な夜の明かりを届けるフロアウォッシャー。ベンチシートの下のリニアライトとのコンビネーションが、冷たく重厚な石造りと見事に調和。天井に埋め込んだローグレアスポットライトで鏡を照明しつつ、アートワークを光の額縁に入れて装飾しています（写真ではスポットライトの反射した光が見えます）。

▶ **コンパクトにして優美**

フロアウォッシャーの反射光で虹色にきらめく壁のタイル。キャビネット下に埋め込んだライトでトイレ奥のニッチを照明して、空間上部にもフォーカルポイントをつくっています。

間接照明

光源を天井や壁のくぼみに潜ませる「間接照明」は、実用的でありながら、心を癒す明かりを空間に届けてくれます。ドラマティックな効果や神秘的な印象、幻想的な雰囲気など、さまざまな演出も可能です。

　間接照明は選ぶ光源によって、優しく落ち着いた明かりや、作業に適した機能的な明かりを提供してくれます。部屋にあるアイテム（本棚や戸棚など）に照明を施せば、既存のプランに手軽に明かりを加えることができます。たとえば、キッチンキャビネットの上にライトを隠して、作業に必要な明かりを確保することも可能です。ただし、光を効率よく反射させるために、光源は天井から30cm以上離してください。複数の棚を作りつけにする予定があれば、間接照明を加えるかどうかを棚の設計段階で検討しておくといいでしょう。照明を加えることで軽やかな「浮遊感」が生まれ、棚が重たい印象になるのを防ぐことができます。

　間接照明のテクニックを応用して、吊り天井の裏にローボルトのダウンライトを取りつける（108-113ページ「コーブ照明とコファー照明」も参照のこと）こともできます。たとえば、シャワー室の見えない位置に光源を設置して、壁面を上から撫でるように照らす方法があります。

　もともと電灯を使用するようには設計されていなかった古い建物にも、間接照明が効果を発揮します。これなら建物自体に手を加えなくても、既存の構造にライトを取りつけるだけでいいからです。

身をひそめて
棚の両側に垂直に取りつけたロープライトで、ほのかな明かりをベッドサイドに提供。サイドスタンドに隠した光源の控えめな明かりが、棚のデザインを引き立てつつ、読書に適した明るさを補充しています。

■ 間接照明用器具

間接照明にはLEDライトが最善の光源です。演色性も改善され、寿命も長い（最長5万時間）LEDは、実用性と審美性に優れていますし、非常にコンパクトなので狭い場所にも隠せます。もちろん、ローボルトや幹線電圧用の光源を使うことも可能です。

光ディフューザー付きLEDリニアストリップ

フレキシブルLEDリニア輪郭ストリップ

くっきりとしたシルエット

1列に並んだ青と白の陶磁器の壺を温かみのある光で背後からおだやかにライトアップ。ローボルトの固定ストリップ照明が壺の色を味わい深く引き立て、明るく機能的な光と落ち着いた明かりを届けています。照明を落とせば雰囲気のある表情に。

光源の選択

　限られたスペースに使うには、リニア光源 (直線形の光源) がベストです。こうした光源には、蛍光灯からローボルト、幹線電圧用、LEDまで、さまざまなタイプがあります。キッチンキャビネットや本棚の上など、強い明かりが必要な場合はローボルトか蛍光灯が最適です。幹線電圧用のソフトなライトを (床から15㎝以上離して) ベッドの下に埋め込めば、素敵な常夜灯になるでしょう。

間接照明の使用目的

- 繊細な照明効果の演出。
- 実用的な明かりの補充。
- 低位置を照らす常夜灯として使用。
- 作りつけの本棚に連続的に取りつけて既存の照明を和らげ、空間に光の層を追加。

ガラス越しにライティング

　間接照明でドラマティックな効果を楽しむことができます。たとえば、厚みのある白いガラス棚の後ろにリニアLEDライトを潜ませれば、現代的なライティングになるでしょう。棚の正面にフロスト加工を施して、光の透過をフロスト面で食い止めるようにすれば、ベストな効果を生み出せます。この照明テクニックをバスルームに使っても効果的で

棚にライトを隠す

ダウンスタンドを加える

棚ユニットにライトを取りつける際には、照明器具が見えないようにするのがポイント。深さ4㎝のダウンスタンド (下向きの遮光板) なら、ローボルトと幹線電圧用のどちらの照明も隠せます。

アップスタンドを加える

ライトアップに使うなら、アップスタンド (上向きの遮光板) を追加します。ただし、どの角度からも見えないほど高い位置にライトを取りつける場合や、LED光源を使う場合は、アップスタンドは不要かもしれません。

溝をつくる

リニアライトを目立たないように棚に取りつけるには、棚をくりぬいて溝をつくるといいでしょう。これならエッジの正面に継ぎ目ができないので、全体的に美しい仕上がりになります。下から光源が見えないかを必ずチェックしましょう。

蛍光T5ランプ　　フレキシブル幹線電圧用ロープライト　　ローボルト固定ストリップ

す。ガラスの片持ち棚に取りつければ、宙に浮いているように見えるかもしれません。

エッジを和らげる

　間接リニアライトか、水平に取りつけたライトで本棚を照らして、天井と床の中間あたりに光の層をつくると、空間がなめらかな印象になります。低位置の照明――キッチンアイランドや片持ち梁のベンチの下など――にも同じ原理を応用すれば、床面がソフトに照らされて、表面の硬いイメージが和らぎます。また、こうした照明は常夜灯にも使えます。

　本棚や戸棚やキッチンキャビネットの上に取りつけて、均一な反射光を手軽につくるという手もあります。明かりを落とせば、夜の部屋を温かみある光で包むこともできます。

　いずれの場合も、光源が少しでも見えたら効果が損なわれてしまうので注意しましょう。場合によっては、サイドスタンド（本棚にライトを垂直に取りつける場合）やダウンスタンド（棚板やベンチやキッチンアイランドの下に水平に取りつける場合。103ページ参照）が必要になるかもしれません。棚板の下にライトを隠す際には、ダウンスタンドの

▲ エッジライト
浮遊するガラス棚が、人目を引くミニマルな表情をバスルームに添えています。ガラスのエッジをフロスト加工することで、カラーライトの透過をエッジで食い止めて、色のついた光のラインを創出。

◀ 吊り天井でソフトな印象に
吊り天井の内部に仕込んだ幹線電圧用リニアライトの繊細な明かりで、ベッドルームを洗練された印象に。吊り天井をこのように使うことで、高すぎる天井を低くして、ライトを埋め込めない由緒ある建物に光を届けることができます。

間接照明　105

隠れたチャンス
棚板の木口の下にリニアライトを水平に取りつければ、優しくおだやかな光の層が生まれます（一番左）。これは書物の照明に効果的。ガラスやプレキシガラスの重厚な棚の背後に設置すれば、オーソドックスな空間に現代的で軽やかな浮遊感が添えられます（その横）。棚板を前方に取りつけて光源をそのすぐ後ろに隠せば、より立体的な印象に。空間に深みが加わり、視線を引きつけます（左下）。

するべきこと
- 由緒ある古い建物にこのタイプの光源を使って、自然でさりげない効果を演出します。
- 空間をなるべくすっきり見せたい時や、スペースが限られている時に隠し照明を使用します。

してはいけないこと
- 光沢のある床の近くに隠し照明を取りつけること。光源が床に映り込んで、効果が台無しに。
- キッチンのような場所に、リニアライトを隠し照明として低い位置に取りつけること。見栄えのしない床に光が当たるだけ、という結果に。

▶ 硬さを和らげて

洗面ユニットとその横のベンチシートの下に取りつけたローボルトのリニアライト。おだやかな夜の明かりが、石の硬質なラインを和らげ、バスルームの雰囲気を温かみのある心地よいものにしています。

深さを32-39mm以上にしておくと、着席した位置からもライトが見えることはないでしょう。

魅力的な輝きと魔法のような効果

　幹線電圧用ロープライトをベッドの下に取りつけて素敵な常夜灯することもできますし、階段の踏板の下につけても効果的です。その際には、光がどれくらい反射するかを計算に入れましょう。また時おり家具を動かす可能性もあるので、差し込み式ライトが使えるようにフロアコンセントを設置しておくと便利です。

　コーヒーテーブルのまわりに間接照明を取りつけることで、テーブルに「浮遊感」を与えて、美しいフォーカルポイントをつくる手もあります。この方法は、人が集う中心部に光が届きにくい吹き抜けの空間に特に効果的です。この場合もフロアコンセントの設置を検討しましょう。

▲ 浮遊感を添えて

壁をくりぬいて作ったモダンな暖炉にリニアライトを隠して設置。火のない暖炉に視線を引きつけ、中のオブジェを際立たせています。暖炉前のベンチの下にLEDリニアライトを潜ませて、生き生きと輝くベンチに（左上）。コーヒーテーブルの下に幹線電圧用ロープライトを取りつければ、息をのむほど美しいフォーカルポイントが生まれます（上）。ライトは差し込み式なので、テーブルの移動も簡単です。

▶ 光で清めて

長い洗面台の下に、調光可能な蛍光灯を少し重ねて取りつけることで、洗面台の強い存在感を和らげています。照明を床からある程度離しているため、光が床面に強く反射して効果が台無しになることもありません。

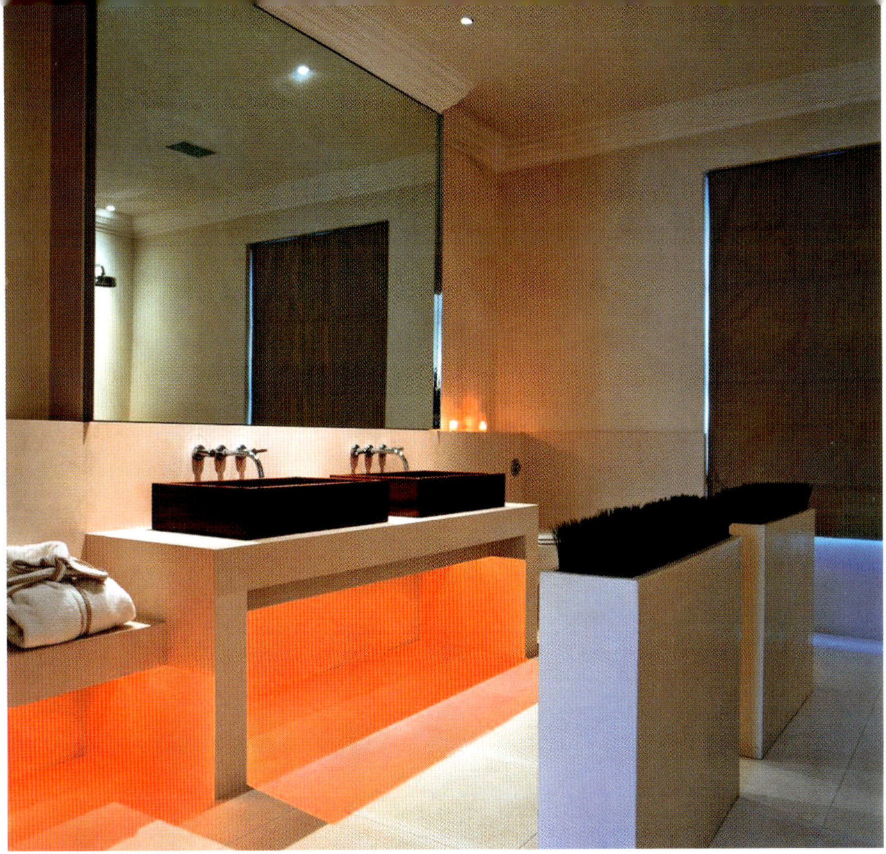

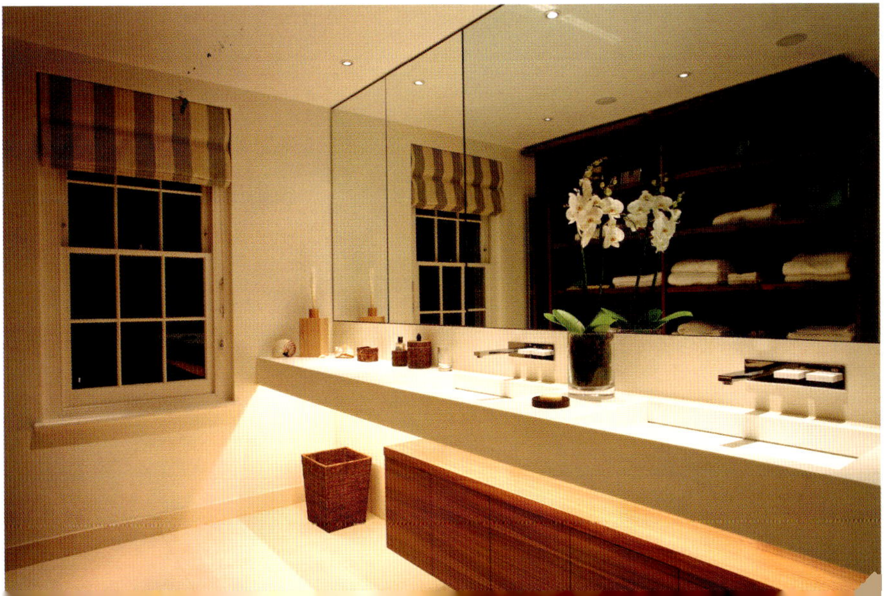

コーブ照明と
コファー照明

コーブや天井のコファーなどの奥まった場所にリニアライトを取りつければ、ソフトで繊細なバックグラウンド照明を空間に施すことができます。

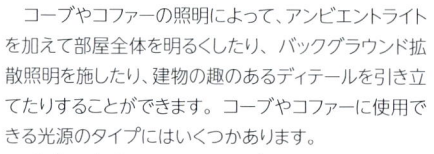

コーブやコファーの照明によって、アンビエントライトを加えて部屋全体を明るくしたり、バックグラウンド拡散照明を施したり、建物の趣のあるディテールを引き立てたりすることができます。コーブやコファーに使用できる光源のタイプにはいくつかあります。

手ごろな価格の蛍光ストリップライトは、キッチンなどでタスク照明を増やしたいときに便利です。いっぽう固定ストリップライト（キセノンのミニ電球を使ったローボルト直線形光源）は100%点灯すると涼しげでさわやかな白い光を発し、減光すると優しくまろやかな明かりになるので、リビングの照明に最適です。幹線電圧用ロープライトは温かみのある黄昏色の光を出しますが、照度があまり高くないため、棚の中や家具のジョイント部分に使うのがベストでしょう。こうした建築化照明に使用できる光源の中で最もエネルギー効率が高いのがLEDです。LEDはクールな光ではなく、温かみのある光を出すものを選んでください。最長で5万時間という寿命の長さもLEDの魅力です。

おだやかに浮かび上がらせて

幹線電圧用リニアロープライトをバスルームのコファーに潜ませて、ややドーム状になったバスルームの天井にソフトな明かりかを提供。おだやかな光の層が夜の理想的なバックグラウンド照明となって、異空間を思わせる内装のディテールを浮かび上がらせています。

コファーと吊り天井

スタンダードコファー

最適なコファーの大きさは、使用したい光源の種類によって異なります。光源と天井との間に十分なスペースを取って、光を拡散させるようにしましょう。ドライバやトランスの設置場所をあらかじめ決めておきます。

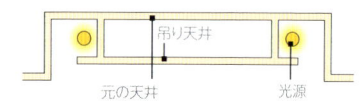

吊り天井

基本的にはスタンダードコファーの設置方法とルールは同じです。ただし、室内の明かりの調和を保つには、吊りの長さと、吊り天井の端から光源までの距離が重要になります。必要に応じて電球を交換しなければならないので、光源にアクセスしやすいようにしておきます。

■ 照明器具

102-103ページの「間接照明器具」参照。

光源の位置決め

　コーブやコファーの照明に向いているのは、ごくわずかなスペースでも使用できるコンパクトな光源です。ウォールパネルの上に取りつけて、やわらかな光で天井を照らし上げることもできますが、この場合は、光源をカバーするアップスタンドが必要になるかもしれません。玄関ホールなどの狭い場所でアッパーライトを控えめに使うには、特別にデザインされたコーニス（壁と天井との出会い部分）にライトを仕込む方法（アッパーコーニス技法）があります。吊り天井が設置できる場所に小さなコファーのデザインを取り入れれば、部屋の隅を光でぐるりと囲み、空間にソフトな明かりを加えることができます。天井面に光を拡散させて、反射させた光の効果を最大限に引き出すには、光源を天井から30cm以上離すようにしてください。光源と天井との距離が狭くなればなるほど、光源のぎらつきが強くなり

ます。つまり、優しくおだやかな明かりを届けるつもりが、光のラインが部屋を取り囲んでいるような印象になってしまうのです。コファーの内側をマットな白にペイントすれば、反射させた光を最も効率よく室内に届けることができます。また、コファーやコーブのデザインも重要です。照明器具が――窓ガラスに映り込んだ照明の影さえも――見えないよう注意します。

ヴォールトでつなげて
樽型ヴォールト天井の両サイドにローボルト光源を取りつけることで、天井が実際よりも高く見え、リビングとダイニングエリアに連続感が生まれます。ライトを100%点灯すれば実用的な明るさに、減光すれば、リラックスできる素敵なバックグラウンド照明に。

吊り天井のライティング

　天井の中央に吊り天井を設置し、そこにリニア光源を組み込んで、拡散光を部屋に届ける方法もあります。このとき、天井と吊り天井の段差が30cm以上になるようにしてください。この方法は、天井高が2.4m以上ある広い部屋や、狭い廊下に沿って照明を施す場合に効果的です。いっぽう天井高が2.4m未満の部屋は、天井が実際より低く見えて圧迫感を与えてしまうので、控えたほうが無難でしょう。

コーブとコファーの照明の使用目的

■ バックグラウンド照明に繊細な明かりを追加します。
■ 空間をなるべくすっきり見せたい時に、主光源として使います。

光源選び

　演出したい効果によって、選ぶ光源も違ってきます。主なオプションを以下に紹介します。

■ 価格も手ごろで、部屋全体の照度を上げることのできる直管形蛍光灯は、ホームオフィスやプレイルームなどの部屋で重宝します。明かりの隙間ができない

専門家のアドバイスも

　このタイプの照明では、緻密な設計が成功のカギになります。最高の効果を引き出す活用法がわからない時は、照明デザイナーに相談するのも一法です。

◀ 脇役でいいから

ローボルトのリニア光源で折り上げ天井を照らして、格調高い空間に繊細な優しさを添えています。この光源は独立した専用回路に組み込まれているので単独調光が可能。天井の中央に埋め込んだローボルトスポットライトで、テーブルの中心に光をフォーカス。

▶ 高まる期待

LEDリニアライトを潜ませた吊り天井から反射光がドラマティックに照射され、壮麗な雰囲気が廊下に漂っています。天井が高いおかげで、空間が狭くてもこれだけの照明効果が可能に。フロアウォッシャーを低い位置に設置して、バランスの取れた照明に仕上げています。

するべきこと

- コファーやコーブ、吊り天井の内側をマットな白にペイントして、光を効率よく室内に提供します。
- 光源やその影が見えないようにコファーの大きさを検討してください。
- メンテナンスも考慮に入れましょう。
- 明かりの隙間ができないよう光源どうしを少し重ねて設置します。

してはいけないこと

- 天井高が2.4m未満の空間に、コファーやコーブ、吊り天井を導入すること。

よう蛍光灯どうしを少し重ね合わせ、調光機能のついた安定器（コファーに簡単に隠せます）を採用することで、1日中フレキシブルに使えます。温白色のライトはプレイルーム、昼白色はユーティリティルームに。

■ 寿命の長い冷陰極蛍光灯は、階段室の折り上げ天井など、手が届きにくくてメンテナンスが難しい場所にぴったりです。家庭での使用は一般的ではありませんが、設置を検討する価値はあるでしょう。冷陰極蛍光灯はカスタム対応可能で、曲げ加工によって円形にすることもできます。光色も色温度の高い色から低い色までさまざまです。

■ ロープライトなどの幹線電圧用リニア光源は、おだやかで心地よい黄昏色の光を発します。通常はカスタムメイドが可能で、ウォールパネルの上や家具のジョイント付近の照明に最適です。テーブルスタンドの明かりによく似た光を発するので、夜にはムードあふれるほのかな輝きが楽しめるでしょう。このタ

優れたライティングの原則

イプの光源も柔軟性に富み、必要に応じて円形などさまざまな形に曲げることができます。
- 薄いメタルテープに小さなキセノンランプがいくつもついたローボルトリニア光源は万能選手です。日中にそのまま使えば明るい光を、夜に照明を落とせばやわらかな光を届けてくれるので、多目的スペース——昼間はプレイルーム、夜はホームシアターになる空間など——に重宝します。
- 温かい色合いのLEDリニアライトは、エネルギー効率が高く、メンテナンスもほとんど要らない最強の光源です。通常、幅13㎜×厚さ6㎜未満という小さなサイズのおかげで、どれほど狭いスペースにも手軽に使用できます。カーブしたコファーの照明には、「エッジライト」タイプを選んでください。LEDリニアライトは寿命が長く、調光可能なものもあるので、さまざまな用途に使うことができます。

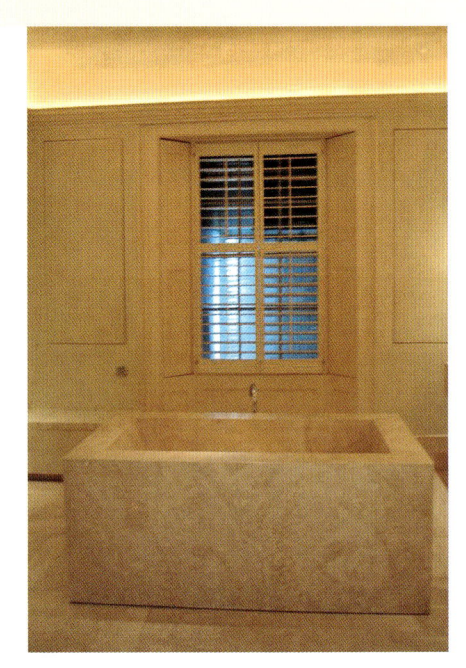

▲ バランスが大事
パネルの上に隠した幹線電圧用光源が、バスタイムにぴったりの落ち着いた明かりを提供しています。建物上部のディテールを際立たせることで、中央にどっしりと置かれた大理石製バスタブの重量感を和らげています。

◀ 軽やかな光のタッチ
間接照明を他の光源と重ねて、バスルームに深みと質感を与えています。幹線電圧用ロープライトを天井のくぼみに潜ませつつ、存在感のあるブラケットで鏡を縁取り、ローボルトライトを天井に埋め込んで鏡を照明。

▶ 完璧な勾配
並べたクローゼットの上にローボルトキセノンランプを隠して、教会を彷彿させる天井を効果的にライトアップ。光源から天井までの間にスペースがたっぷりあるため、拡散された光が主寝室の荘厳なプロポーションを見事に浮かび上がらせています。照明を落とせば、高い切妻天井の威圧感も薄れて、ぬくもりのある居心地のいい空間に。

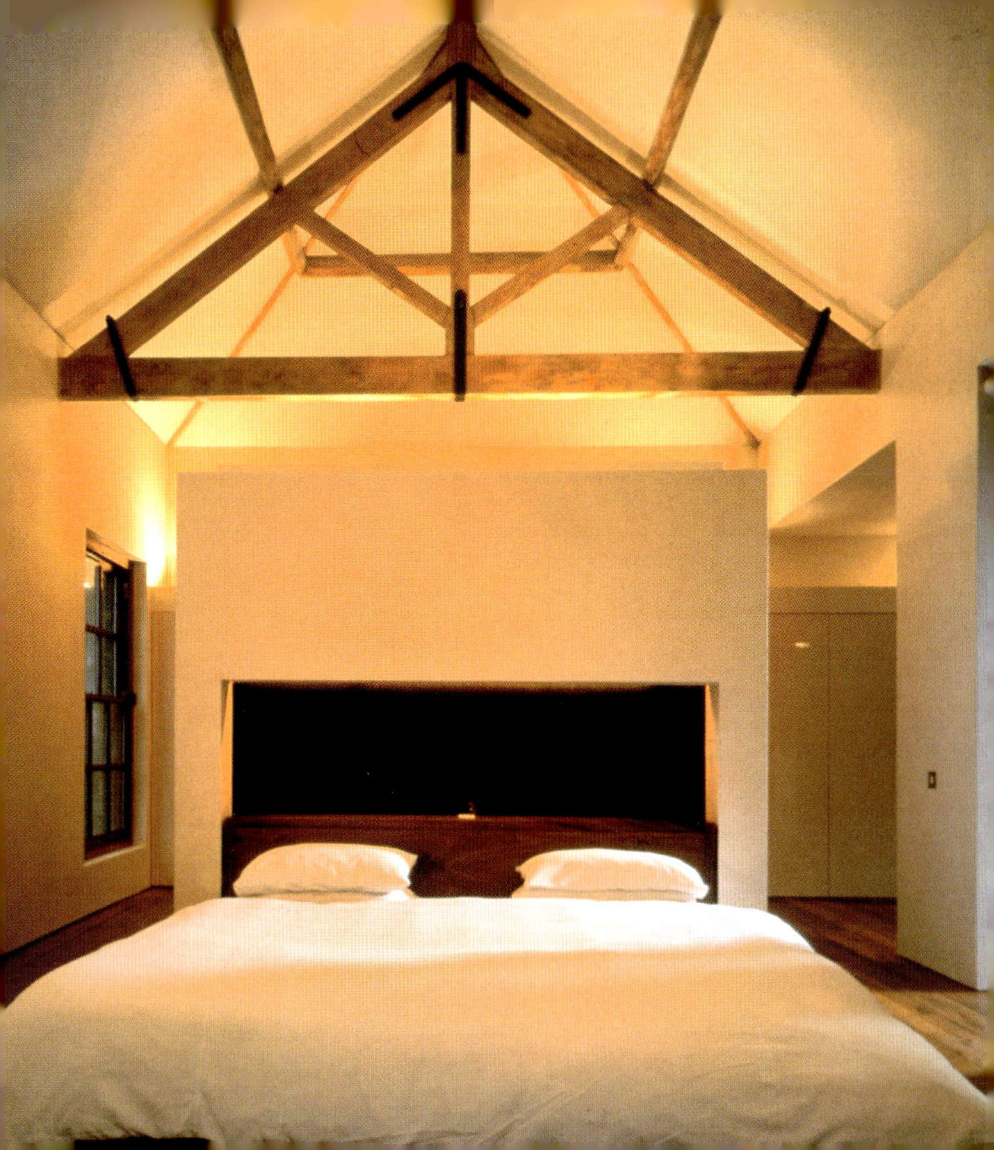

スロットとニッチの照明

ニッチやスロットの照明をうまく活用すれば、狭い空間にドラマティックな光だまりをつくることができます。目線と同じ高さにフォーカルポイントをつくりたい時にもこのテクニックがお勧めです。

スロットやニッチやアルコーブには、建物に元からあったものや意図的にデザインされたものがあり、どちらのタイプも光で美しく彩ることで、空間に奥行きが生まれます。壁をくりぬいてつくられたニッチは、横長のものから縦長のものまで、形も大きさもさまざまです。光源はニッチやスロットの上につける場合と下につける場合があり、その設置位置によって異なる効果が楽しめます。こうした壁のくぼみに天井や床から光を当てる方法もあります。照明効果をよりフレキシブルにコントロールしたい時は、光源の回路を分けておくといいでしょう。

使用法と効果

スロットやニッチは、光源の設置用にデザインすることも、オブジェのディスプレイ用に大きめにつくることも可能です。ただし、オブジェをスロットの底面からライトアップするためにオブジェを光源の前に置く場合は、オブジェが光源を塞がないように、光源から十分に離して置くようにしてください。花瓶などのガラスのオブジェに光を透過させたい時は、LEDのような涼しげな色の光源でライトアップするといいでしょう。壺や鉢を上から照らすと、光がオブジェの中に入ったまま「出てこなくなる」可能性があるので、この方法は避けた方が無難です。中空ではなく、ソリッドなオブジェであれば、光が反射されるので問題はありません。

■ 照明器具

64-69ページの「埋込型の固定式ダウンライト」を参照。

▲ クラシカルなハイライト
オブジェの上で光が交差するように取りつけた2灯のアジャスタブルスポットライトが、クラシカルなフォルムの壺を際立たせています。オブジェの正面に光が当たるように、壺の前方にライトを設置。

▲ プラクティカルな輝き
ラジエータの収納庫としてつくられた背面ガラス張りのニッチ。ローボルトスポットライトをニッチの上に取りつけるだけで、バスルームが華やかに。

▶ **奥行きを加えて**

バスルームにずらりと並んだニッチ。上からライティングを施すことで、空間に奥行きが加わり、視線はおのずとディスプレイされたオブジェへ。ニッチの明かりが主光源になっているので、天井照明はそれほど必要ありません。減光するとソフトな間接照明に。シャワー室のニッチは棚としても使用可能。

スロット照明の使用例

リニアライトかアジャスタブルスポットライトのどちらを使うかのを選択します。リニアライトを使用する場合は、器具を隠して、光源が周囲の表面に映り込まないよう注意してください。ローボルトスポットライトを使う場合は、電圧とビーム角が適切なものを選びましょう。

1 縦長スロット。
2 アッパーライトでスロットやニッチを照明。
3 ダウンライトを交差させてスロットやニッチを照明。
4 横長スロットを複数のミニスポットライトで照明。
5 横長スロットを複数のリニア光源で照明。

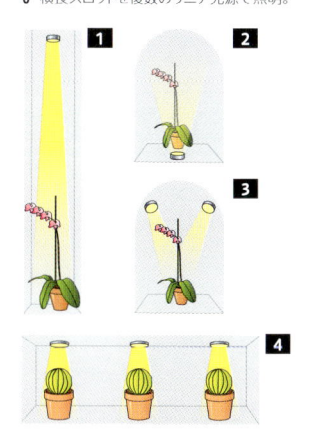

スロット照明の使用目的

■ 道具やオブジェを効果的にディスプレイ。
■ 異なる光の層の導入。
■ 面白味のない空間に、深みと質感と彩りを提供。
■ スペースの限られたエリアの照明。

バスルームに

　大きなスロットやニッチなら、ガラスの棚板をはめ込んでオブジェをディスプレイすることもできます。バスルームやトイレの奥、あるいは洗面台の両サイドにニッチを設けてローボルトのダウンライトで照らせば、華やかなアクセントになるでしょう。緑がかった明かりにならないよう良質な（鉄含有率の低い）透明なガラスを使うのがポイントです。バスルームのニッチは棚としても使えます。またニッチの照明のおかげで、天井灯の数を抑えることもできます。バスタブの壁に横長のスロットを取りつければ、便利な棚になるうえに、バスタイムにぴったりの癒しの明かりも得られます。

階段に

　狭さを感じさせずに階段を照明するには、スロット照明がぴったり

◀ ▲ スロットパワー

ニッチを取りつける前の寝室(左)と、ベッドの両脇にダウンライト付きのニッチを取りつけた寝室（上）。人目を引くディスプレイニッチのおかげで、空間に奥行き感が生まれ、ベッドまわりを縁取る光の装飾が添えられます。

▶ 温かく迎え入れて

折り重なる光のコンビネーションが、人を温かく迎えるような心地よい印象を与え、視線をヘッドボードに引きつけています。キャビネット下の埋込型LEDで、ベッド奥のディスプレイアルコーブを照明。LEDライトが灯るベッド脇のスロットが、触れても熱くない控えめな読書灯になっています。

です。細長いスロットを階段に沿って並べてください。こうすれば機能的な空間がドラマティックなフォーカルポイントとなって視線を上方に引きつけるので、狭い階段を広く見せることができます。

ベッドルームに

　スロットやニッチはベッドサイドテーブルの代わりに、ヘッドボードのアルコーブは本棚の代わりに、ニッチの中の光源は読書灯として使用できます。すべてがコンパクトに収まるので、空間もすっきりした印象になるでしょう。ソフトな明かりを灯したニッチを廊下の所々に配置すれば、それがアクセントとなって、殺風景な空間もぐっと垢ぬた雰囲気になります。スチームバスルームのように、落ち着いた光が欲しい場所や天井灯をつけたくない場所では、ニッチにユニークなオブジェを飾ってそれを照らすことで、フォーカルポイントが生まれます。

二方向から視線を引きつけて
スロット照明は屋外スペースにも効果的。この写真では、上から照らされたニッチが、コンパクトなデッキエリアにグレアの少ない機能的な明かりを届けつつ、外の景色へと視線をいざなっています。壁の向こうのデッキに埋め込まれたLEDアッパーライトで視覚的なバランスを。

屋外スロット

　屋外のニッチやスロットを照明して、空間にインパクトを与える方法もあります。造園の構造物を最初から建てる場合（下の写真の壁のような例）なら、このような演出を比較的簡単に施せます。こうしたアプローチによって、空間がグレードアップしますし、貴重なフロアスペースを割くことなく、ダイニングエリアなどにバックグラウンド照明を届けることができます。照明効果を十分に引き出すには、メンテナンスが容易で、屋外の設置に適したローボルトライトかLED照明器具を使うといいでしょう。

するべきこと
- 低グレアの光源を使用。ニッチの中は見えてもいいですが、光源は見えては困ります。
- ライトの最適な設置場所──スロットやニッチの上か下のどちらか一方につけるのか、それとも上下両方につけるのか──を検討します。

してはいけないこと
- ニッチの底面に取りつけたライトの上にオブジェを置く場合に、発熱量の高い光源を使用すること。

鏡まわりの照明

鏡の照明は、複数の光源を適正な位置に取りつけることがポイントとなります。それらを組み合わせることで、顔面照度が高まり、肌の色を美しく見せることができます。

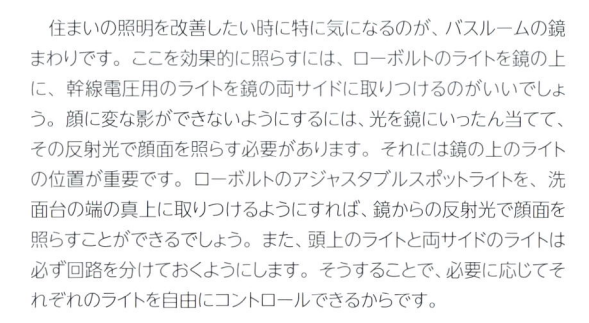

▲ サイド灯効果
シェードで適度に光を閉じ込めることで、鏡と顔の両サイドにソフトな明かりを提供。鏡面に取りつけたクロームのバックプレートが蛇口と見事に調和しています。天井に埋め込んだアジャスタブルスポットライトは回路を分けて、洗面台の照明に。

　住まいの照明を改善したい時に特に気になるのが、バスルームの鏡まわりです。ここを効果的に照らすには、ローボルトのライトを鏡の上に、幹線電圧用のライトを鏡の両サイドに取りつけるのがいいでしょう。顔に変な影ができないようにするには、光を鏡にいったん当てて、その反射光で顔面を照らす必要があります。それには鏡の上のライトの位置が重要です。ローボルトのアジャスタブルスポットライトを、洗面台の端の真上に取りつけるようにすれば、鏡からの反射光で顔面を照らすことができるでしょう。また、頭上のライトと両サイドのライトは必ず回路を分けておくようにします。そうすることで、必要に応じてそれぞれのライトを自由にコントロールできるからです。

ワイドな鏡

　横長の鏡や、メイクやひげ剃り用の鏡には、ローボルトアジャスタブルスポットライト2灯を頭上に取りつけてはいかがでしょう。2灯のライトは60-80cm離して、鏡の中央で光が交差するように設置するのが理想です。

　かなり広い鏡や、2つ並んだ洗面台それぞれに鏡がついている場合は、ブラケットを3灯——両サイドに1灯ずつと中央に1灯——取りつければ、光をまんべんなく当てることができます。

理想的なミラーライティング

鏡の上の2灯の中角電球で光を交差させて、反射光で顔面を照明。鏡の両サイドにもライティングを施すことで、空間を光で埋めて、不要な陰影を除去。

■ 鏡まわり用照明器具

バスルームのブラケットは形もサイズもさまざまなので、自分のプランに合うものを選びましょう。ただし、照明器具に使用可能な電球のタイプをチェックしてください。蛍光ランプの光はたしかに明るいですが、少しきつく感じるかもしれません。白熱ランプならソフトな明かりで、肌の色を美しく見せてくれます。

壁密着型フロスト タングステンライト

壁密着型フロスト 蛍光ランプ

スタンドプラウド型 幹線電圧用フロスト ウォールライト

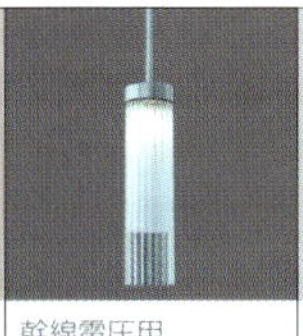

幹線電圧用 フロスト吊りランプ

鏡まわりの照明

▶ 光で清めて
鏡の両側に垂直に配置されたスポットライト。壁から少し突き出た鏡にライトを半分埋め込むことで、明るい拡散光を生み出しています。このライトは100％点灯すればメイクアップに適した明るさに、減光すれば、顔映りのいいソフトな明かりになります。常夜灯の壁埋込型フロアウォッシャーで、バランスのとれた照明に。

▲ 調和のとれた明かり
バスルームの細長い鏡の両サイドに配された2灯のブラケットで、空間がシステマティックで「男性的な」印象に。理想的な位置に配した白熱灯が、肌の色を引き立てて、シェービングに最適な明かりを届けています。頭上に埋め込まれたアジャスタブルスポットライトで空間の照度を上げつつ、洗面台を明るく照明。

蛍光灯一体型ミラー	アーチ型幹線電圧用ミラーライト	八角形ブラケット	アジャスタブルスタンダード蛍光ランプ	スイングアーム式バスルームウォールライト	反射板付きカプセルライト	

陰影を取り除く

　頭上から照明すると、顔面にはたしかに光が当たりますが、鼻や顎の下に陰影ができてしまいます。こうした影を取り除くには、幹線電圧用ブラケットを左右に取りつけてソフトな光の層を加えるといいでしょう。空間の中間あたりに光が広がるので、肌のトーンもきれいに見えます。

　天井にライトを埋め込む余地がない場合は、20W/12Vの反射板付きミニスポットライトを鏡に半分埋め込む手もあります。このタイプの器具は100％点灯すれば明るい拡散光を、減光すれば肌色を美しく見せるソフトな明かりを届けてくれます。器具は目線より上の高さ（床からおよそ2m上）か、それより下の鏡の両サイドにつけましょう。

▶ **フェイスリフト**
鏡の照明に使える光源にはさまざまなタイプがあります。明かりで鏡まわりにフォーカルポイントをつくることで、空間に深みとテクスチャーが加わります。特に、多様な表面──スムーズな表面からフラットな表面、ハードな表面まで──にあふれる室内では、こうした照明がすべてを和らげるツールになるでしょう。

1　頭上のライト
天井に埋め込んだアジャスタブルスポットライト。洗面台の端の真上に設置すれば、実用性抜群の明かりに。

2　サイドライト
天井から吊したスタイリッシュなライトが、一風変わったバスルーム用ウォールライトに。左右からソフトな明かりを顔面に届けます。

3　サイドライトと低位置のライト
さらに別のライトで洗面台を洗うように照らし、その上に置かれたクリスタルのオブジェに視線を引きつけます。低位置のライトと天井吊り下げ型ライトで空間のバランスをとっています。

4　頭上ライトとサイドライト
天井埋込型ライトに左右のサイトの組み合わせれば、「顔がリフトアップして見える」という理想的な効果が期待できます。サイドライトの照明を落として、頭上のスポットライトを消灯すれば、よりリラックスした雰囲気に。

◀ **控えめなライティング**
鏡の後ろに光源を隠せば、装飾的な照明プランに控えめで落ち着いたトーンが加わり、心安らぐほのかな輝きが生まれます。このテクニックを特大の鏡に使う場合は、頭上照明を適切な位置にセットして、実用的な明かりが顔に届くようにするのがポイント。

鏡まわりの照明

その他のオプション

　照明をよりさりげなく施したい時は、リニア光源を使う方法があります。はめ込スペースにリニア光源をセットして、その上からはめ込スペースにすっぽり収まるように鏡を取りつけます。そうすれば鏡の縁に拡散光が広がるので、鏡のサイド灯として、そして便利な常夜灯として使うことができます。この種のライティングにはローボルトのリニア光源がぴったりですが、省エネ効果を求めるならリニアLEDがお勧めです。

　作りつけのドレッサーを特注できる場合は、調光スイッチをドレッサー近くに取りつけ、それに光源を接続します。こうしておけばその時々の用途に合わせて、手軽に調光できます。上部に鏡のついた独立型のドレッサーを使う時は、鏡の両側にテーブルスタンドを置いて明かりのバランスを取るといいでしょう。

　暖炉の上に掛けた鏡は、日中は部屋に差し込む自然光を反射しますが、夜には輝きを失いがちです。そうした時は1灯のアジャスタブルローボルトスポットライトで、鏡に息吹を与えることができます。アンティークの鏡もこの方法で生き生きと輝くでしょう。

鏡まわりの照明の使用目的

■ 顔面に最適な光を提供。
■ 空間に種類の異なる明かりを追加。
■ フォーカルポイントに注意を誘導。

するべきこと

- 室内の全光源の位置を考慮します。
- 高さの異なる光源を組み合わせて、顔に光が均等に当たるようベストな照明を施します。
- 光は適切な量を使用します。必要に応じて減光できるように調光器の設置を検討しましょう。

してはいけないこと

- 鏡を見る時に立つ位置よりも前か後ろに天井灯を取りつけること。顔に光がうまく当たらず、陰影ばかりができてしまいます。

光の反射だけで

天井に埋め込んだ1灯のスポットライトで、鏡に優美な輝きを。この鏡は他の明かりも反射しているので、鏡面がどんよりと生気のない印象になることもありません。

鏡まわりの照明　　123

鏡まわりの照明を効果的に使うコツ

　住まいの鏡を照明する際には、以下の注意事項を頭に入れておきましょう。

- ライトを適切な位置に設置しているかぎり、明るくすればするほど、顔面照度が高くなります。1灯のアジャスタブルスポットライトで主要な明かりを確保したら、光を左右から届けてくれるブラケットで少し冒険してみましょう。ブラケットを使えば、自分らしいスタイルを演出することができます。
- 鏡のバック照明は、周囲がモザイクの壁の場合に特に成功しやすく、美しいきらめきが添えられます。
- 天井から吊り下げたライトをブラケットの代わりに使って、左右から顔面を照らしても素敵です。

主役の座は安泰

プロの視点で巧みに照明されたリビングルームが、温かくて心地よい輝きを放っています。天井のスポットライトにさりげなく照らされた鏡がフォーカルポイントに。でも主役はあくまでテーブルスタンドのぬくもりと、シャンデリアの優美なきらめき、そして美しく浮かび上がる絵画。

- 左右から顔面を照らすのに最適なのが、フロストガラス製の細長い円筒形のデザインです。光がサイドに拡散されるので、必要な場所に光が届きます。
- バック照明を施した化粧室の姿見は、身だしなみを整えるためのシンプルで控えめな設備として機能しつつ、部屋のフォーカルポイントにもなります。

タスク照明

機能性に優れた部屋には、巧みにデザインされたタスク照明が欠かせません。作業に適した光源を選び、必要な場所に的確に配置することが、タスク照明を成功させるカギとなります。

タスク照明には、用途や場所に応じてさまざまなタイプの光源を使うことができます。ローボルト電球は清々しい光をつねに提供してくれますが、最近では、コンパクトで発熱量の少ないLEDライトが、効果的なタスク照明として使われています。そのいっぽうで、機能的でスタイリッシュな従来型の幹線電圧用デスクライトも、空間に独特の雰囲気を添えてくれる優れたタスク照明として捨てがたい存在です。

作業スペースの照明

作業台やコンパクトなデスクユニットの照明には、LEDもしくはローボルトの棚下灯を使う方法があります。こうしたライトは、作りつけのユニットや棚板の下に直付けできますし、すっきり仕上げたい時は半分埋め込むことも可能です。光源は必ず遮光して、グレアを抑えてください。この種のタスク照明には直管形蛍光灯も適しています。ただし、光源がコンピュータ画面に映り込んだり、作業面に光が反射したりしないよう注意が必要です。デスクが壁際にある場合や、キャビネットと一体になっている場合は、壁やキャビネットの下にアジャスタブルライトを取りつければ、デスクの上にライトを置かずに済むので省スペースになります。

アジャスタブル・スタイル
作業状況に合わせて手軽に調整できるスタイリッシュなクラシカルデスクライト。光を和らげるハニカムルーバ（右）で、紙面やコンピュータ画面からの反射を抑えて、理想的なタスク照明に。

■ タスク照明器具

タスク照明がどこに必要か——デスクの上、居間、ベッドサイドなど——をイメージすれば、目的に合う器具を選ぶ際の判断材料になるでしょう。

デスクランプ

壁付けのアジャスタブルLEDスポットライト

アジャスタブルフロアスタンド

タスク照明　　125

◀ **スリムにフィット**
壁付けのキッチンユニットの下にすっきりと埋め込んだライトで、調理カウンターにタスク照明をダイレクトに提供。他の照明と回路を分ければ、朝晩の食事の支度など、目的に合った明るさにいつでも調整できます。

▼ **落ち着いた輝き**
バスルームユニットの下に埋め込んだライトが、洗面台トップの色ガラスと周囲のタイルにおだやかな輝きを添えています。機能的な明かりのおかげで、張り出したキャビネットの影が洗面台に落ちることもありません。

ベッドルームとバスルーム

　寝室にフレキシブルなLEDピンスポットライトなどの指向性の高い照明を使うと、隣に寝ている人の邪魔にならずに読書を楽しめます。ベッドサイドにはテーブルスタンドも添えて、低い位置にムードのある明かりを取り入れても素敵です。

　クローゼットがあれば、照明の設置を検討しましょう。特にダークウッドのクローゼットには明かりがあると重宝します。涼しげな色のライト（昼白色の直管形蛍光灯など）を使うと、暗い色の服が見分けやすくなるでしょう。この時、光源を遮光してグレアを抑え、ドアの開閉に応じて自動点灯するスイッチをつけておくと便利です。

アジャスタブルアーム付き
トラディショナルウォールライト

シールド付きアンダー
キャビネット固定式ライト

バスルームではバック照明を施した拡大ミラーを壁の適切な位置に取りつければ、ひげ剃りの時に特に重宝するでしょう。ただし、鏡の照明法としては118-123ページで紹介したテクニックのほうがはるかに効果的です。

タスク照明の使用目的
- 読書や仕事など、それぞれの作業に必要な明かりを提供します。
- 部屋全体の明るさを変えなくても済むように、局所的に光だまりをつくって、それをタスク照明に使用します。

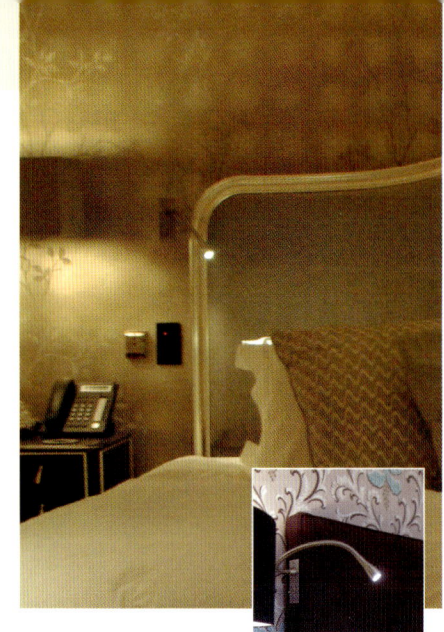

▲ フレキシブルにフォーカス
壁やヘッドボード（挿入写真）に設置できるフレキシブルなLEDピンスポットライトなら、適切な位置から読書に必要な明かりを届けることができます。本のページに光が集まるので、隣に寝ている人の邪魔になりません。

◀ すっきりコンパクト
ベッド脇の壁に読書灯を取りつけて、サイドテーブルを有効活用。ジョイントアーム式だから夜の読書タイムにはライトを引き出し、昼間は壁に寄せておけるので、すっきりとした空間に。

するべきこと
- タスクライトの設置位置に注意します。上下に少しずれただけで、タスク照明としての機能が落ちることも。
- 光源を手元でコントロールできるようにします。

してはいけないこと
- 部屋全体を明るくして、タスク照明をまかなおうとすること。

タスク照明　127

▲ クラシカルなデザイン
フォルムと機能の絶妙なコンビネーション。見た目が美しいアングルポイズ（角度安定）ランプは機能性も抜群。読書に必要な明かりをフレキシブルに届けてくれます。

タスク照明のコツ

■ ベッド脇の壁にLEDの読書灯を取りつけて、本のページに光を集めるようにします。触れても熱くないLEDは、むき出しの腕が触れやすい場所やファブリックの近くに置くのに適しています。

■ タスクライト用の光源を天井から吊り下げれば、優雅で装飾的な印象に。ここで忘れてはいけないのが、ライトを使うのは読書のためであって、ベッド脇のテーブルを照らすためではないということです。

■ 遮光板を取りつけたライトをデスクのすぐ上の棚の下に連続的に埋め込めば、貴重なデスクスペースを取ることなく、明かりを必要な場所に届けることができます。この方法を作りつけのキッチンキャビネットに応用することで、カウンタートップを効果的に照らせます。

■ 差し込み式のライトをリビングの読書灯にすれば、部屋の明かりの雰囲気を損なうこともありません。このアプローチは、局所的に照度を上げたい場合（たとえば、ゲームテーブルを明るくしたい時など）にもうってつけです。

▲ フロアスタンドでフレキシブルに
360度角度調整可能なフロアライトを加えるだけで、ソファーでの読書（上）や盤ゲーム用（その下）のタスク照明をリビングに手軽に導入できます。ヘッド内側の反射板で照度を高め、器具の形状でグレアを抑制。

特殊効果照明

色の変化や夜空の演出など、趣向を凝らしたさまざまなライティングテクニック（トリック）を使えば、どんな照明プランにも感動と意外性を加えることができます。

色で遊びながら、ドラマティックな効果や特殊な雰囲気を演出しましょう。部屋のムードは色彩でがらりと変わります。たとえば、青と緑の色調を加えると涼しげな印象に、赤/淡紅色スペクトルの暖色系ならくつろいだ雰囲気に、黄色/オレンジのトーンなら陽気で「明るい」イメージになります。

場所に合わせた照明を

キッチンのフロストガラスやパースペクス製の汚れ止め板の裏、あるいはバスタブのサイドパネルの後ろに、白色リニアLEDか色が変わるRGB（レッド、グリーン、ブルー）LEDライトを取りつける方法もあります。コンパクトで長寿命のLEDシステムは、こうした場所に適しています。RGBライトはリモコンで色を連続的に変えることもできますし、特定の色で止めてドラマティックな静止効果を狙うことも可能です。もっと落ち着いた実用的な明かりが欲しい場合は、白色ライトが断然お勧めです。

コストを最も抑えられるのが、幹線電圧用の直管形蛍光灯にカラージェルを装着する方法です。差し込み式なので、既存のランプとの交換や照明プランへの追加が簡単にできます。

色の演出
スクリーンの背後にカラー照明を施すことで、テレビをつけてない時も空間が「生き生きと」華やかに。カラーバリエーションが豊富なので、気分に合う色を選べます。

129

▲ 原色がメイン

鮮やかな原色の照明で、キッチンがパーティースペースに早変わり。あれこれ色を組み合わせなくても単色だけで効果抜群。マルチカラー機能を使えば、とっておきの効果が楽しめます。

▶ 繊細な色合い

淡いパープルトーンの照明を施すことで、落ち着いたスタイリッシュな印象に。ムードを変えたい時は、別の色調を選べばOK。

▲ 宇宙空間
光ファイバーを使って、息をのむほど美しい星空を屋内プールの上に再現。

▶ 夜景
子供の寝室にぴったりの究極の常夜灯。光ファイバーを天井に散りばめて、優しくおだやかな効果を。

　白紙の状態からプランを立てる場合は、ローボルトライトか、メタルハライド光ファイバーの使用も検討しましょう。床に取りつければプライベートなダンスフロアになり、天井に設置すれば星空効果が楽しめます。

財布に優しいオプション

　当然ながら、素晴らしい照明効果の中にはコストがかかるものもあります。しかし差し込み式の蛍光灯にカラージェルスリーブを装着すれば、限られた予算で意外性のある演出を手軽に施せます。熱を持ちにくい蛍光灯は、レースのカーテンや家具の後ろに置いても安全なので、ダイナミックな効果を一時的に楽しめます。別の色に変えたくなったら、ジェルスリーブを交換する

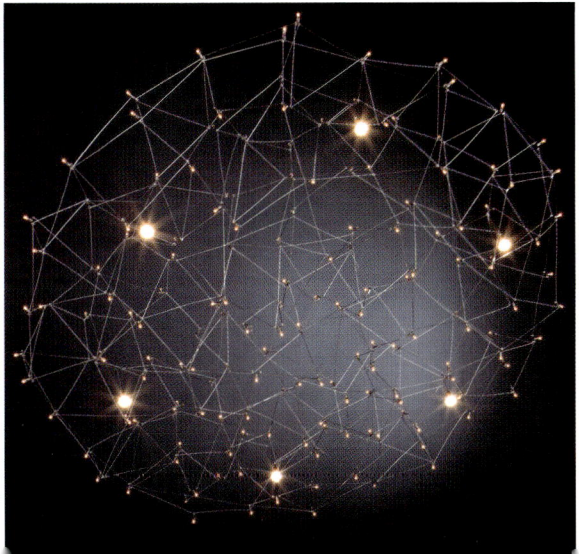

▲ 流星効果
リビングとホームシアターと小部屋が一体化したスペースが、プライベートな宇宙空間に。ライトアップした折り上げ天井と、有機的なフォルムのディスプレイニッチに取りつけたカラーリニアライトで、「異空間」の効果を生み出しています。

◀ カスタムメイドの宇宙
「宇宙」空間を演出する装飾的な仕掛け。LEDや光ファイバーを使えば、ユニークかつドラマティックに空間を彩ることができます。

影絵芝居
プランターの中できらめく光ファイバー。無味乾燥な壁面に映し出された光と影の揺らめきが、ガラスと石の階段の硬質なラインとコントラストを成しています。

こともできます。同じテクニックを使って、部屋の雰囲気を変えるカラーライティングをヘッドボードの後ろに取りつけてもいいでしょう(60-61ページ参照)。

特殊効果照明のコツ

- 光ファイバーで星空効果をつくりましょう。屋内プールやスチームバスやホットタブの天井、あるいは子供用ベッドの上の常夜灯に使えば演出効果満点です。
- 「トウィンクルホイール」(光ファイバー光源機)を使って、きらきらと輝く光の効果を生み出し、星空ムードを高めます。
- 星のサイズを変えてみましょう。光ファイバー端部が大きめのものは大きめの惑星に、小さめのものは恒星に見立て、これらを組み合わせることで、よりリアルな効果を演出します。

特殊効果照明

色で輪郭を
屋外スペースはカラーライティングを思い切り楽しむ絶好の機会です。ビビッドなローズカラーに照らされた現代的なオブジェが、背後の花壇を引き立てています。

- 天文学に忠実に。天体図を写すなど、実際の星座を再現しながら、アレンジを加えて自分だけの宇宙をつくってください。
- がらんとした白い壁に光ファイバーで色彩を加えましょう。カラーホイールを使って色をいくつか導入し、色の変化を楽しみます。
- 派手な原色だけを使わずに、繊細な色合いや微妙な色調も使用して、洗練された効果を生み出します。
- 屋外に地中埋設型の噴水筒がある場合は、まわりに光ファイバーを巻きつければ、個性的な照明になりますし、ウォーターショーも楽しめます。噴水を作動させると、水しぶきがドラマティックにライトアップされて光輝くことでしょう。
- クリスマスの季節には赤と緑、夏のイヴニングパーティーには明るいイエローなど、季節感のある祝祭用の飾りとして、カラー光ファイバーを窓の縦枠やニッチに取りつけます。

するべきこと

- 照明の特殊効果を最大限に引き出すには、照明デザイナーに相談するといいでしょう。希望通りの効果が得られれば、投資に見合うだけの価値はあります。
- 色彩でさまざまな工夫を凝らしてみましょう。
- いったん特殊効果照明を取りつけてしまうと、その中で日々の生活を送ることになるので注意してください。ピンクのアッパーライトはパーティーにはぴったりですが、日常の照明として実用的とはいえません。

してはいけないこと

- やり過ぎは禁物です。本当に必要な場所に使った場合のみ、スペシャルな効果が生まれます。

装飾照明

パート 4

- ペンダント
- シーリングライト
- ブラケット
- フロアスタンド
- テーブルスタンド
- デスクランプ
- キッズ照明/ユニーク照明
- ピクチャーライト
- エクステリア照明

着る服を選ぶ時にその人らしさがあらわれるように、照明プランを立てていく中で、その人の個性が最もあらわれるのが装飾照明の選択です。装飾照明は「見られること」を意識してデザインされています。建築化照明──それ自体は人目につかずに実用的な光を届けつつ、雰囲気を効果的に演出する名脇役──とは違い、空間に取り入れられた装飾照明は、見る者に大きなインパクトを与えます。壁の色や家具選びと同様に、装飾照明の選択は、住まいに自分らしさを添える絶好の機会といえます。

ペンダント・クラシック

クラシカルなペンダントはどれもかなり値の張るものですが、飽きのこないデザインなので、ほとんどの照明プランに取り入れることができます。すっきりとしたライン、自然な色合い、シンプルなコンセプト。こうした特徴のおかげで、スタイリッシュに見える灯具がすぐに見つかるでしょう。さらにこのタイプの照明には、流行が変わっても色あせて見えないという大きなメリットがあります。

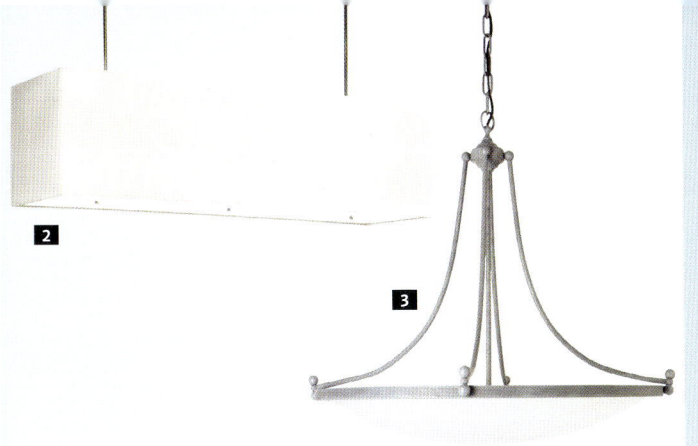

主なデザイン

1 タイタン
1940年代のデザイン。さまざまなフィニッシュのタイプがある。〈オリジナルBTC〉

2 ラージ・ロングライト
大きなアイボリーのシルクシェードがついたランプ。吊りロッドにはポリッシュニッケルとサテンニッケル仕上げの2種類がある。〈CTOライティング〉

3 ペンダント・ボウル
亜鉛メッキのシンプルなペンダント。トラディショナルとモダン、どちらのインテリアにも映える。〈ベッセリンク・アンド・ジョーンズ〉

4 コブ・ライズ・アンド・フォール
高さ調整が可能なので、ダイニングテーブルの上やキッチンに最適なペンダント。留具とシェードはボーンチャイナ製。〈オリジナルBTC〉

5 PH 50
テーブルの上に吊るして、グレアのない光を届けるペンダント。1958年にポール・ヘニングセンがデザインした。〈ルイスポールセン〉

6 バルブ・ペンダントランプ
ランプシェードも電球も、ワイヤーさえも透明なライト。光を反射するきらめき感と、吹きガラスのぼってり感が、このバルブランプに息吹を与えている――ガラスアートの真骨頂ともいえる作品。〈ユニークコペンハーゲン〉

7 ベストライト・ペンダントランプ
英国人デザイナー、ロバート・ダドリー・ベストによる1930年のデザインがモデル。バウハウスの影響を受けたブリティッシュ・プロダクトの先駆的デザインとして人気を博した。〈ベストライト〉

8 ソルボンヌ
4灯のライトから成るクリスタルガラスのシャンデリア。〈ヴォーン〉

9 1900 ランタン
黒のブロンズとニッケル仕上げのランプ。メタルの種類や塗装など、仕上げのタイプはバラエティ豊かで、ガラス部分は立方体のデザインが標準仕様。〈チャールズ・エドワーズ〉

10 ノーム69シェード
1969年にサイモン・カルコがデザインしたランプ。今では北欧スタイルの古典的デザインに。日中は美しい存在感をアピールし、夜に明かりを灯すとドラマティックな輝きを放つ。〈コンランショップ〉

11 アーティチョークランプ
40年以上前にデザインされたペンダントの最高傑作。ステンレス仕上げの72枚の羽根が、12段の円環を構成。どの角度からも灯具は見えるが、中心部の光源は見えない設計になっている。デザインはポール・ヘニングセン。〈ルイスポールセン〉

12 パインコーン・シャンデリア
4本のブランチを持つシャンデリア。いつの時代も色あせないデザイン。〈ポルトラマーナ〉

13 ライト・ドリズル・シャンデリア
ポリッシュニッケルのフレームに2列の透明なガラスドロップがついたタイプと、黒いフレームに黒のガラスドロップがついたタイプがある。〈オーカーライティング〉

138 | 装飾照明

ペンダント・コンテンポラリー

シンプルなデザインが多い現代のペンダントは、部屋に入ると真っ先に目につくものかもしれません。大ぶりのペンダントは単独で吊り下げるとよく映えます。小ぶりのものは、キッチンアイランドやコーヒーテーブルの上に高さを変えていくつか吊り下げると素敵です。

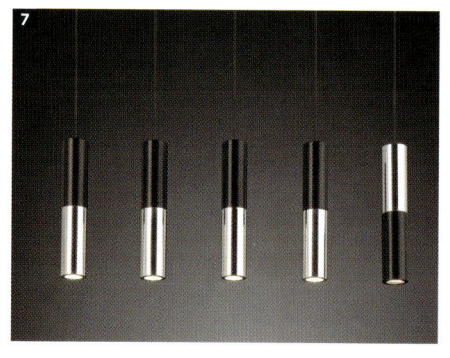

主なデザイン

1 タルボ
白く塗装した12枚のアルミ板を螺旋状に構成した吊り下げライト。1965年にルイス・ワイスドルフがデザインした。〈ライファ〉

2 エアロ
スレートグレーシルクのデザイン。手吹きのガラス玉の飾り付き。〈CTOライティング〉

3 サークルライン
ボーンチャイナのシェードにペイントを施した吊り下げペンダント。〈オリジナルBTC〉

4 マグナム 4202
他に、ホワイトとブラックのバージョンがある。〈セクトデザイン〉

5 ルナー
アンティークブロンズとサテンプラス仕上げのハロゲンペンダント。〈CTOライティング〉

6 フラワーポットペンダント
ヴェルナー・パントンが1969年にデザインしたポリッシュドアルミのペンダント。他にもいくつかのカラーがある。〈ユニークコペンハーゲン〉

7 バトンペンダントランプ
ブラック仕上げとポリッシュド仕上げの陽極酸化アルミでできたペンダント。ヨス・ミラーのデザイン。〈クエーサー〉

8 ユーカリプタス
ペイントした真鍮や白目のフレームに、38灯の非常に長いLEDライトがついている。〈オーカーライティング〉

9 ミロ
優美な輝きを放つゴールド仕上げのペンダント。中央のランプをシルクシェードが覆っている。〈ポルタロマーナ〉

10 フリン・ステアウェルランタン
パールシルクのシェードにゴールドのロッドを垂直に差し込んだデザイン。〈ポルタロマーナ〉

11 ヘリオス
ステンレスとポリッシュドアルミニウムのスポットライト型ランプを束ねたペンダント。デザインはロブ・ノレ。〈クエーサー〉

12 ロリム
耐熱ガラスでできた小さなペンダント。〈ヤマギワ〉

13 メドゥーサ
他にホワイトゴールド仕上げのタイプもある。〈ポルタロマーナ〉

14 UFO
中央のガラスディフューザーを36枚のアウターディフューザーが取り巻く、エネルギー効率の高い照明器具。カラーバリエーションも豊富。〈スタジオイタリアデザイン〉

140　装飾照明

ペンダント・コンテンポラリー つづき

15

16

20

23

24

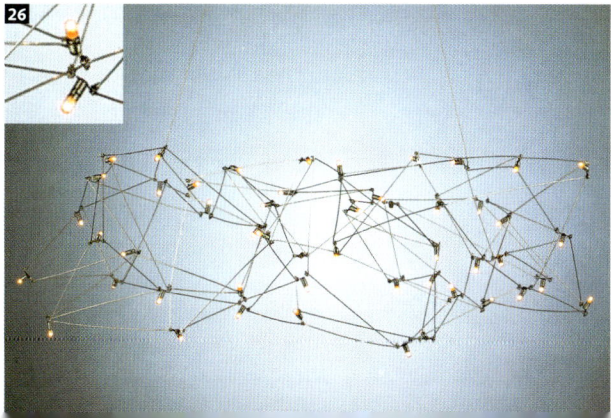

主なデザイン

15 コラージュ450
レーザーカットしたアクリルを3層に重ねたデザイン。繊細な光の揺らめきが楽しめる。〈ルイーズ・キャンベル〉

16 ビッグバン
デザイナーはエンリコ・フランゾリーニ。交差させたパネルにハロゲンランプを組み込んでいる。〈フォスカリーニ〉

17 ポロ
他にもアイボリー、ダブグレー、ブラックシルクのシェードがある。〈CTOライティング〉

18 ドラムシェードライト
人目を引くペンダント。写真はニッケル仕上げだが、仕上げのタイプは他にもいくつかある。〈チャールズ・エドワーズ〉

19 トロメオ・メガ・サスペンションライト
アルミニウムと射出成形した透明メタクリル樹脂で構成されるライト。2007年にミケーレ・デ・ルッキがデザインした。〈アルテミデ〉

20 ラルティーグ
円筒形のシルクシェードをつけた、ブラックガラスのオーバル形シャンデリア。〈ポルタロマーナ〉

21 ロリポップシャンデリア
スクラッチ仕上げのゴールドの灯具。スレートブルーのシルクシェードにはゴールドの内張りが施されている。〈ポルタロマーナ〉

22 クリスタルドロップシャンデリア
トラディショナルなシャンデリアを現代風にアレンジ。〈ヴォーン〉

23 コシ・M・ペンダント
クロームメッキの器具に、サテンホワイトの吹きガラス製ディフューザーとダークパンプーのシェードを取りつけたペンダント。デザインはマニュエル・ヴィヴィアン。〈アクソライト〉

24 バタフライボール
176のバタフライ形磁器で構成されるペンダント。中央の光源に蝶が群がっているように見える。〈ディフューズ〉

25 カラードクリスタルシャンデリア
横長のダイニング用ペンダント。長さのバリエーションはいくつかある。オットー・チェントのデザイン。〈インスパイアード・バイ・デザイン〉

26 ユニヴァース
ジャン・ポーウェルズによるデザイン。真鍮仕上げとニッケル仕上げの2種類がある。〈クエーサー〉

142 | 装飾照明

ペンダント・トラディショナル

ガラスとメタルが織りなす優美なデザインのオブジェ——トラディショナルペンダントには、えもいわれぬ魅力があります。シャンデリアの揺らめく光は、華やかで洗練された雰囲気を漂わせます。ダイニングテーブルの上や玄関ホールに取りつけるとしっくりと馴染むでしょう。奥行きのある張出し窓にしつらえれば、空間に広がりが生まれます。

主なデザイン

1 シャドーボール
アンティークシルバーもしくはアンティークブラス仕上げ。〈ヴォーン〉

2 アールデコ・デザイン
1925年のフランスのデザイン。唐草模様の入ったガラスシェードと錬鉄で構成されている。

3 フォンターナ・ムラノ・シャンデリア
イタリアンガラスのシャンデリア。〈バロビエ&トソ〉

4 アールヌーボー・ペンダント
20世紀初頭にデザインされた真鍮仕上げの3本アームペンダント。渦巻き模様の装飾と、ティアドロップ形のアクセントが施されたガラスシェードが特徴。

5 アーツ・アンド・クラフツ・ランタンペンダント
フロストガラスのシェードと飾り穴のついたメタルランタン。

6 エドワード朝様式ペンダント
ポリッシュドブラスのペンダント。白いサテンガラスのボウルの縁には、真鍮で縄模様があしらわれている。

7 ペリースタイル・シャンデリア
ヴィクトリア様式の復刻版。2段のシャンデリアに16灯の明かり。〈ウィルキンソン〉

8 レインドロップ・シャンデリア
スワロフスキークリスタルを散りばめたデザイン。フィニッシュにはさまざまなタイプがある。〈ヴァレリー・ウェイド〉

9 モダニスト・シャンデリア
1960年代にショラーリがデザインしたポリッシュドクロームとサテンブラスのシャンデリア。透明ガラスのシェードにはキャンドル電球が入っている。

10 メントン
ニッケルの外枠。内側に張るファブリックは、好みのものをチョイスできる。〈ヴォーン〉

11 ガラスディスク・シャンデリア
黒い透明なムラノガラス製。ライトの数が6、8、10灯の3タイプがある。〈ベラ・フィギュラ〉

12 ウィンズロウ
真鍮仕上げのスクエア形4灯ランタン。〈ヴォーン〉

13 フランドル風シャンデリア
写真は2段15灯のモデル。3段24灯のタイプもある。〈ウィルキンソン〉

14 リージェンシー様式シャンデリア
この「テント・アンド・ウォーターフォール」デザインは1800年代初頭の典型的なスタイル。〈ウィルキンソン〉

15 ソーンハム・ホール・シャンデリア
現存するジョージ王朝様式のレッドクリスタル・シャンデリアの最初期モデルの復刻版。英国サフォーク州のソーンハム・ホールを飾るために1732年に制作されたオリジナルは、現在、米国デラウェア州のウィンターサー博物館に展示されている。〈ウィルキンソン〉

シーリングライト

天井が低い時や埋め込みスペースがない時は、シーリングライトが解決してくれます。特に玄関や廊下にはこの手のライトがぴったりです。人々の要望に応えてデザイナーたちが生み出したのが、リビングにも違和感なく溶け込む素敵な照明器具の数々。器具全体から光が照射されるデザインを選びましょう。

主なデザイン

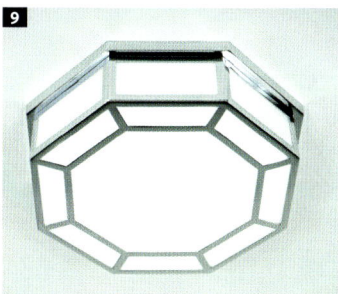

1 アーティチョーク
クラシカルなデザインの天井直付けタイプ。〈ヴォーン〉

2 シルバーボウル
アンティークシルバーとガラスでできたレトロなスタイルの照明器具。〈ヴォーン〉

3 ガラス玉シーリングライト
エマ・パイのデザイン。〈インスパイアード・バイ・デザイン〉

4 カボシュ
パトリシア・ウルキオラが手がけた照明。ムラノガラスのディフューザーとそれを取り巻く透明な球体が特徴。〈フォスカリーニ〉

5 クラウン
アンティークプラス仕上げのシーリングライト。他にもさまざまな仕上げのタイプがある。〈ヘクター・フィンチ〉

6 プレシーディオ・オーバル
バーバラ・バリーがデザインしたサテンニッケル仕上げの照明。〈ボイド・ライティング〉

7 パロス・ヴェルデス
サテンアルミニウムのシーリングライト。デザインはバーバラ・バリー。〈ボイド・ライティング〉

8 ルーアン
ガラスの環がつながったデザイン。〈ヴォーン〉

9 オクタゴナル・シーリングライト
ブラッシュドニッケルの照明。4個の電球が入っている。〈ヴォーン〉

10 サーコロ
ドイル・クロスビーが手がけたシーリングライト。中には電球が4つ入っている。〈ボイド・ライティング〉

11 プレーナー
フロスト仕上げのバスルーム用シーリングライト。〈アストロ・ライティング〉

12 マイアミ
ブラッシュドアルミ仕上げのバスルーム用シーリングライト。〈アストロ・ライティング〉

13 デュープレックス
フロスト仕上げのバスルーム用シーリングライト。〈アストロ・ライティング〉

14 タケタ
艶消しニッケル仕上げのバスルーム用シーリングライト。〈アストロ・ライティング〉

15 バルクヘッド・ライト
長方形のダイカスト製バルクヘッド・ライト。湾曲したフロストガラスのディフューザー付き。〈デイビー・ライティング〉

ブラケット・コンテンポラリー

現代スタイルのブラケットはバラエティ豊か。どのデザインが自分の空間に合うのか迷うこともあるでしょう。特にルールはありません。自分のセンスで気に入ったものを選んでください。モダンスタイルのブラケットは、アートのように人目を引くデザインが素敵です。自分の感性に響くものを思い切って選びましょう。必ず点灯して明かりをチェックしてから、購入するのがポイントです。

主なデザイン

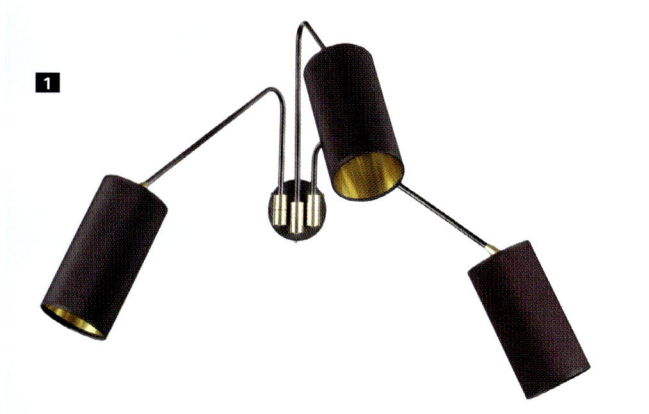

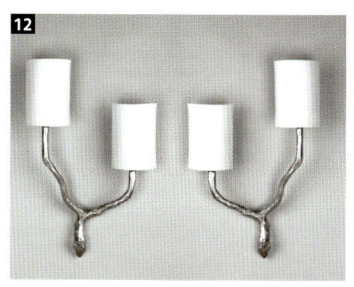

1 アレイ・トリプル
サテンブラスのベースがついたアンティークブロンズ仕上げの3灯ランプ。黒いコットンシェードにはゴールドの内張りが施されている。〈CTOライティング〉

2 チャーリー
ブラッシュドニッケルのフレームのついた灯具。ディフューザーには、白い手吹きガラスのタイプとパンチメタルのタイプがある。〈スタジオイタリア〉

3 ポンペイ・ウォールライト
アイボリーのリネンシェードとニッケル仕上げのフレーム。ゴールド仕上げのタイプもある。〈ヴォーン〉

4 フィールズ・ウォールライト
3つのユニットで構成される組み立て式ウォールランプ。ユニットはそれぞれ個別に使うことも、組み合わせて使うことも可能。メタクリル樹脂とアルミニウムでできている。〈フォスカリーニ〉

5 フリン・ウォールライト
ゴールド塗装した格子造りのメタルの灯具に、パテ色の半円形シルクシェードがついたブラケット。〈ポルタロマーナ〉

6 セクト 4230
プリーツスタイルのウォールランプ。〈セクト〉

7 ブロッサム
ガラスのディテールをあしらったホワイトゴールド仕上げの灯具。長円形のパテ色シルクシェードはオープンバックになっている。〈ポルタロマーナ〉

8 アイシクル(氷柱)
シルクシェードがついたバスルーム用ウォールライト。〈ポルタロマーナ〉

9 スクエア・ウォールライト
〈アクソライト〉

10 アンドレイ
2008年にブライアン・ラスムッセンがデザインしたポリッシュドステンレスフレームのウォールライト。ホワイト仕上げとミラー仕上げのタイプがある。〈スタジオイタリア〉

11 カタカオス
縦にも横にも取りつけ可能なスリムな灯具。フェデリコ・オテロのデザイン。〈ボイド・ライティング〉

12 ツイッグ
アシメトリカルな2本アームのウォールライト。白いボール紙のランプシェードはオープンバックスタイル。〈ヴォーン〉

13 ロリポップ
2本アームのブラッシュドゴールドの灯具に円筒形のサテンシェード。〈ポルタロマーナ〉

14 ダブル07
ラッカー塗装したメタルのベースに、内側が白いガラスのディフューザーがついたブラケット。ディフューザーの表面仕上げはホワイトとアイボリーの2タイプがある。〈フォスカリーニ〉

15 ユーカリプタス
緑青のついた真鍮もしくは白目のフレームで構成される灯具。LEDライトが2つ付いたタイプと、5つ付いたタイプがある。〈オーカーライティング〉

16 アークティック・ペア(北極の洋ナシ)
ニッケルフレームに緑青ブロンズのついたブラケット。中の詰まったガラスの飾り玉が2連になって吊り下がっている。〈オーカーライティング〉

17 ガラスビーズのウォールライト
〈ボイド・ライティング〉

ブラケット・
クラシック/トラディショナル

あらゆるタイプのインテリアに調和するクラシカルなブラケット。シンプルなラインと淡いトーンのウォールライトは、さまざまな装飾デザインに合わせやすく重宝します。ポリッシュドブラスとダークなアンティークブロンズ仕上げが多いトラディショナルなブラケットは、古風な趣のある部屋にしっくりと馴染んで、温かみのある光だまりをつくります。どちらも天井の低い場所に最適です。

主なデザイン

1 トーチ風ウォールスコンス
1940年代にフランスでつくられたウォールスコンス。「凍てついた炎」をかたどったフロストガラスのシェードが特徴。〈デコデイム〉

2 レッドクリスタルの　ウォール・シャンデリア
クラシカルなクリスタル製飾り玉がついたエレガントなデザイン。〈ピリオドスタイルライティング〉

3 ジョージ朝様式ウォールライト
真鍮製ブラケット。〈ピリオドスタイルライティング〉

4と5 ブルック／ラメイア
ヴィクトリア様式のダウンライトとアッパーライト。「ブルック」には手彫りでパイナップル模様を施したガラスのシェードが、「ラメイア」には手吹きガラスのシェードがついている。〈ピリオドスタイルライティング〉

6 オースティン・ウォールライト
アーツ・アンド・クラフツ様式のブラックメタルのスコンスにフロストガラスのシェード。〈リジュベネーション〉

7 アールデコ・ウォールスコンス
「牙」が交差したデザインが施された21世紀型マホガニースコンス。〈デコデイム〉

8 ウォルター・プロスパー・アールデコ・ウォールスコンス
重厚な立体感のあるブラックルーサイトがアールデコらしいモダンなデザイン。〈デコデイム〉

9 シーポッド
エミリー・トドハンターがデザインした菱形ウォールライト。〈ベスト・アンド・ロイド〉

10 ベルガ・ウォール
三日月形のガラスシェードから温かみのある光を拡散するブラケット。

11 ライブラリー・ライト
調整可能な2本アームのライト。〈ベッセリンク・アンド・ジョーンズ〉

12 スクロールド・ウォールライト
このオールドゴールド仕上げのブラケットには、クリーム色の縁飾りがあらわれたシルクシェードがついている。〈ジム・ローレンス〉

13 マリリン・モンロー
アンティーク加工した真鍮の灯具にフェミニンなシェード。〈ベッセリンク・アンド・ジョーンズ〉

14 レイジー・ドリス
アンティーク加工した真鍮仕上げの折りたたみ式ブラケット。〈ベッセリンク・アンド・ジョーンズ〉

15 スター
オールドゴールド仕上げの真鍮製ダブルウォールライト。星型のモチーフがついている。〈ジム・ローレンス〉

16 ダブルピクチャーライト
アンティーク加工した真鍮のダブルピクチャーライト。横に長く伸びているので広い範囲を照明できる。〈ベッセリンク・アンド・ジョーンズ〉

17 トールドラム・ウォールライム
9枚の磁器タイルを吊り下げた構成。〈ディフューズ〉

18 モートン
ハリケーンスタイルのランプ。〈ジム・ローレンス〉

19 スカロップシェル
石膏ウォールライト。〈ポルタロマーナ〉

20 オンブレル
セラミックシェードのついたフレンチスタイルのデザイン。〈ヘクター・フィンチ〉

21 デコ
アールデコのウォールライト。サテンブラス製とサテンニッケル製の2種類がある。〈CTOライティング〉

22 ポルトフィーノ
バスルームに最適なクロームライト。〈ベスト・アンド・ロイド〉

装飾照明

フロアスタンド・
クラシック / トラディショナル

クラシカルなフロアライトは照明プランに欠かせない必須アイテムといえるでしょう。独特の魅力を持つ特大スタンドを使って空間に実用的な光を届けつつ、フォーカルポイントをつくってください。トラディショナルなフロアランプは、レトロな感じのインテリアにぴったりです。

主なデザイン

1 大理石ベースのフロアランプ
アッキーレ&ピエル・ジャコモ・カスティリオーニによる1962年のデザイン。スチール軸は入れ子式で伸縮可能。ジョイントはつけ根のところで回転できる。〈フロス〉

2 ゴタム
ティファニースタイルのフロアランプ。ハンドカットしたアートガラスのパネルシェードが上下左右に温かみのある光を投げかけている。〈コワゼル〉

3 ボザール・フロアライト
3路スイッチ付きフロアスタンドと琥珀色の気泡入りガラス製シェード。ガラスの中の気泡がぬくもりと質感を添えている。〈コワゼル〉

4 ポメズ・アゲート
ハンドクラフトのアートガラスには、手で磨かれた本物の瑪瑙が施されている。〈コワゼル〉

5 アーク
ソフトな明かりを生み出す彫刻のようなフロアライト。フランク・ロイド・ライトのイタリア人の弟子によるもの。〈ベスト・アンド・ロイド〉

6 アングルポイズ・ジャイアント1227
大きさはデスクランプの3倍。この古典的フロアスタンドには電球と調光器の他にも、移動がしやすいようにアルミのキャスターがついている。〈アングルポイズ〉

7 スーパーアーキムーン
フィリップ・スタルクのデザイン。オリジナルのデスクランプをモデルにして制作されたこのフロアスタンドも、今では古典的存在に。〈フロス〉

8 スイングアーム・フロアランプ
用途に応じてアームを動かせるので、移動は不要。〈ベラ・フィギュラ〉

9 ピムリコ・トライポッド
このフロアランプのメタル仕上げには3つのタイプがある。〈アーテミス・デザイン〉

10 スマーティー・メジャー
スタンダードなフロアスタンド。ブラッシュドニッケルの猫足がついているので、トラディショナルなスペースに最適。〈ベッセリング・アンド・ジョーンズ〉

11 ノラ・フロアランプ
エミリー・トドハンター・コレクションのひとつ。〈ベスト・アンド・ロイド〉

12 ヴィクター
エレガントなフロアランプ。シェードはサテンペイントを施したアルミ、ベースはポリッシュドアルミ、軸はクローム仕上げのスチール。〈オリジナルBTC〉

13 アジャスタブル・フロアランプ
アームで調整可能なので、使い勝手は抜群。〈ベラ・フィギュラ〉

14 アングル・フロアランプ
エレガントで機能的な多目的フロアランプ。〈ベラ・フィギュラ〉

15 エレベータ・フロアランプ
ピーがデザインした用途の広い、彫刻的なフロアランプ。調光器付き。〈クエーサー〉

フロアスタンド・コンテンポラリー

ユニークで使いやすく、値段も手ごろな差し込み式のコンテンポラリーフロアスタンド。財布にそれほど負担をかけずに、お部屋をスタイリッシュに演出できます。いつでも持ち運べるポータブルなライトなので、どれを購入しても長く愛用できるでしょう。部屋に個性的な彩りを添えたい時は前衛的なスタイルを、落ち着いた印象にしたい時は控えめなデザインを選んでください。

主なデザイン

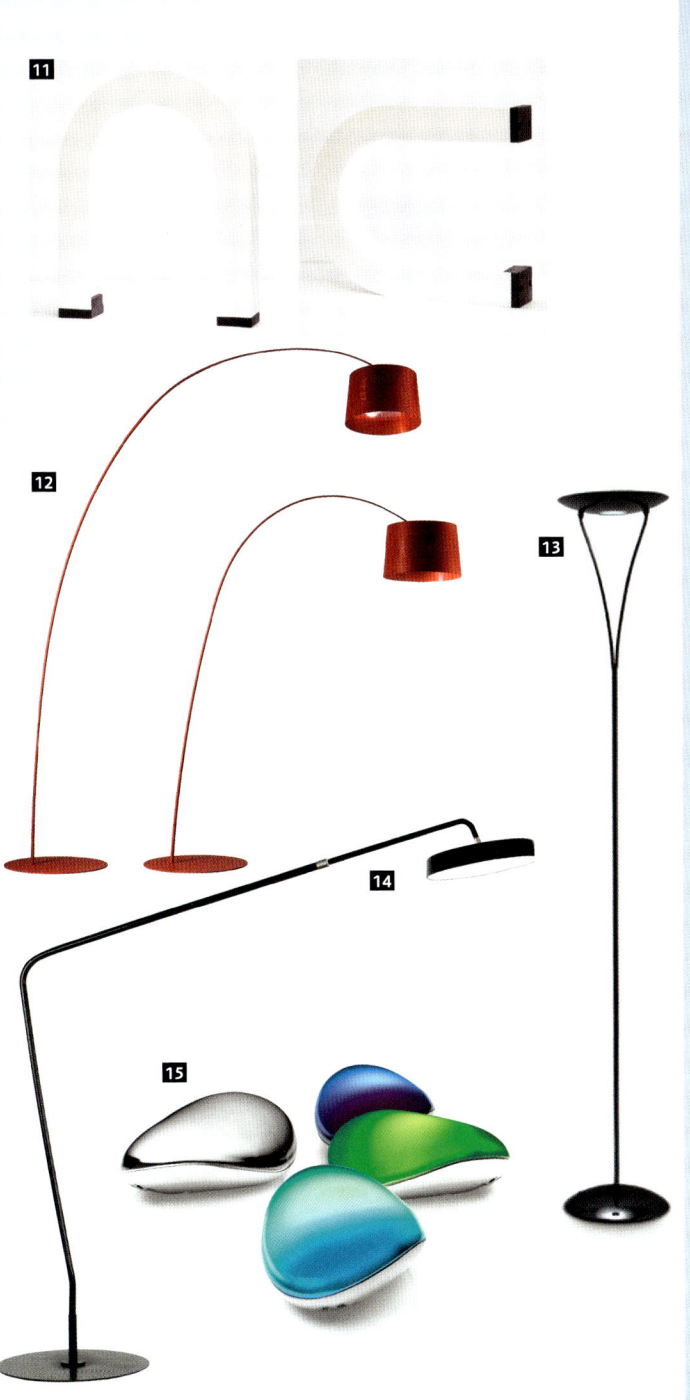

1と2 タグ/アズミ・フロアライト
ポリッシュドニッケル仕上げのフロアランプ。〈アストロ・ライティング〉

3 ゴースト
ギッタ・グシュヴェントナーのデザイン。ポリッシュドニッケルのベースがついている。〈CTOライティング〉

4 ハロー
ポリッシュドニッケルベースのすっきりとしたラインが、ダブグレーもしくはブラックのシルクシェードを引き立てている。〈CTOライティング〉

5 アクシス・ムンディ
ポリッシュドニッケルのベースにソリッドなガラスロッドを取りつけたフロアランプ。ラミネート加工が施された斜めプリーツのシェード(シルクもしくはボール紙製)には、やわらかいシルクの内張りがされている。〈オーカーライティング〉

6 ビームライト
吹きガラスとスパンアルミニウムのシェード。〈インダストリアル・ファシリティ/サム・ヘクト〉

7 トロメオ・フロアライト
ミケーレ・デ・ルッキとジャンカルロ・ファッシーナが手がけたポリッシュドアルミのライト。〈アルテミデ〉

8 トロメオ・メガ・テラ
カンチレバー構造をしたポリッシュドアルミのフロアライト。ミケーレ・デ・ルッキとジャンカルロ・ファッシーナのデザイン。〈アルテミデ〉

9 ルシファー
〈ウェヴァー&デュクレ〉によるデザイン。

10 メタ
しっかりした木製ベースにアイボリーのコットンシェードがついている。〈CTOライティング〉

11 ホワイト・ストラクチャード・ランプ
人目を引く彫刻的なランプ。〈ウェヴァー&デュクレ〉

12 ツイッギー
ラッカー塗装したグラスファイバーのフラットなベースには、ランプの高さを支えるために重みが加えられている。デザイナーはマーク・サドラー。〈フォスカリーニ〉

13 オプス
ハロゲンランプのアッパーライト。シェード下の開口部から光が下方に拡散される。〈ML〉

14 リーチ
サテンブラックのベースと乳白色のディフューザーがついたフロアランプ。〈CTOライティング〉

15 アドゥキ・ライト
色が変わるメタリックなビーンズ型の充電式ライト。〈マスモス〉

テーブルスタンド・クラシック

温かみのある光を届けてくれるクラシカルなテーブルスタンド。目線と同じ高さに置く照明なので、予算の許す範囲でベストなものを選びましょう。大きさは重要なポイントです——ランプが大きければ大きいほど、光束量も多くなります。狭い廊下などの限られたスペースでは、背の低いずんぐりしたタイプではなく背の高いスタイルを選べば、大きなランプと同様の効果が得られます。

主なデザイン

1 バウハウス・ガラスベースランプ
1924年にウィルヘルム・ワーゲンフェルドがデザインした「バウハウスランプ」と呼ばれるテーブルスタンドのレプリカ。ベースと軸はガラス製。スチール部分はポリッシュドクローム仕上げ。

2 グルノーブル
ブラックシルクのドラム型シェードがついたクリスタルランプ。〈ヴォーン〉

3 タラモア・クリスタルランプ
サンディ・チャップマンによるどっしりとした欄干型クリスタルランプ。クラシカルなデザインを損ねないよう透明ケーブルで配線されている。

4 ジュール
テーブルスタンド。〈ベスト・アンド・ロイド〉

5 ピサ・テーブルスタンド
斜塔のように傾いたテーブルスタンド。仕上げはブロンズ、ブラス、ニッケルの3種類。〈ヴォーン〉

6 フルール
唐草模様の彫銀細工が施された大きなアンティークランプ。長方形のブラックシルクシェードの内張りもシルバー。〈ヒースフィールド〉

7 ポロ
丸いパースペクスのランプ。ブラウンのオーバル型シルクシェードがついている。〈ポルタロマーナ〉

8 グラス・フロス・ランプ
カラーバリエーションがいくつかあるが、どれも円筒形のサテンシェードの色とガラスの斑点の色がマッチしている。〈ポルタロマーナ〉

9 タリアセン
フランク・ロイド・ライトがチェリー材を使ってデザインした3つのシリーズのうちのひとつ。〈ヤマギワ〉

10 ディストレストブラス・スタンド
アンティーク加工した真鍮のスリムなダブル軸を持つテーブルスタンド。〈ベッセリンク・アンド・ジョーンズ〉

11 アトッロ
まるで浮遊しているように見えるシェード。このクラシカルなデザインはヴィコ・マジストレッティの1977年の作品。〈オールーチェ〉

12 ラルティーグ・クリスタルキューブ
クリスタルキューブを積み重ねたシンプルなデザインを、灰褐色の円筒形シェードが引き立てている。〈ポルタロマーナ〉

13 ドーマ
1930年代のホテルや豪華客船を彷彿させるアールデコスタイルのエレガントなテーブルスタンド。点灯すると、半透明のシェードから放たれるほのかな光が、手元をダイレクトに照らしながら空間に温かく広がっていく。〈BTC〉

14 ミディアム・アダム・ランプ
大きさの異なるガラス玉を積み上げたデザイン。〈ポルタロマーナ〉

テーブルスタンド・コンテンポラリー

彫刻のような現代のテーブルスタンドには視覚的なインパクトがあります。ポジショニングは重要なので、慎重におこないましょう。また光源だけでなく、手元を直接照らすタスクライトに対して、アンビエントライトがどれだけ照射されるのかも考慮します。グレアが出ると、ランプが悪目立ちしてしまいます。色ガラスやパースペクスやボール紙のシェードを使って、実用的な光だまりをつくってください。ランプに散りばめられたメタルディスクが空間に華やかな輝きを添えながら、優美な陰影を生み出してくれるでしょう。

主なデザイン

1 クリスタル・ヴェース・ベース
ユトレヒト・クリスタルランプ。クリスタルの壺型ベースに真鍮の金具。写真はブラックリネンのシェードがついたタイプ。〈ヴォーン〉

2 アルフィー・ランプ
写真はターコイズのベースと、ゴールドと赤のベース。シェードはそれぞれ違う配色になっている。〈ウィリアム・ヨーワード〉

3 ハンドブロウン・ガラス
フランス製手吹きガラスのボトルランプ。〈ラ・ルー〉

4 ケルプ・ランプ
ポリッシュドニッケルの金具とシルクシェードがついた、紫灰色の手吹きガラスのベース。〈オーカーライティング〉

5 グラス・ラヴァ・ランプ
透明なグリーンのガラスベースに鳩色のサテンシェード。〈ポルタロマーナ〉

6 コーヒービーン・ガラスランプ
ブロンズ色のガラスベースに、楕円形の筒を上下に切ったような形の淡い灰褐色のシルクシェード。〈ポルタロマーナ〉

7 デコ
サテンブラスもしくはサテンニッケルのベースに、ダブグレーかブラックのシルクシェード。〈CTOライティング〉

8 テート・テーブルスタンド
ピエト・モンドリアンの絵を思わせるデザイン。〈ベスト・アンド・ロイド〉

9 ラージ・アネモネ
エミリー・トドハンターが手がけた有機的なデザイン。〈ベスト・アンド・ロイド〉

10 ミラーボール
これもエミリー・トドハンターのデザイン。〈ベスト・アンド・ロイド〉

11 オリーブボール
思わず触れてみたくなる球体のランプ。デザイナーはエミリー・トドハンター。〈ベスト・アンド・ロイド〉

12 カルダン
鏡をふんだんに使ったこの豪華なデザインは、アンソニー・クリッチロウによるもの。〈ベスト・アンド・ロイド〉

158　装飾照明

テーブルスタンド・コンテンポラリー つづき

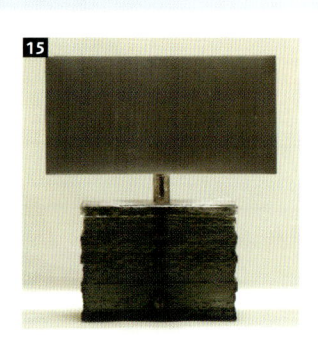

主なデザイン

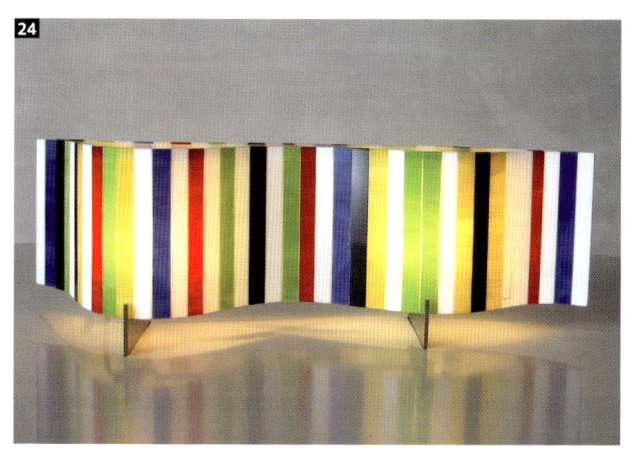

13 ブロウ
ピオ・エ・ティート・トーゾが2005年にデザインしたもの。ディフューザー表面のマグネットを使って、外から光源を調整できる。〈スタジオイタリア〉

14 Zランプ
アンティーク加工した真鍮のベースとスクエア型シェード。〈ベッセリンク・アンド・ジョーンズ〉

15 クリスタル・ストラタ・ランプ
墨色のニッケルベースに、長方形のプラチナシルクシェードがついている。〈ポルタロマーナ〉

16 レクタンギュラー・ランプ
印象的な長方形のランプと淡褐灰色シルクシェード。〈ポルタロマーナ〉

17 グラマー
住まいを装飾する独創的なジュエリーがあるとすれば、メタルのモチーフを手でひとつずつハンダ付けしたグラマーのデザインは、さながらネックレスのよう。〈テルツァーニ〉

18 PXLテーブルスタンド
アルミとスチールでできたこのマルチカラーのデザインはフレドリック・マトソンが手がけた。〈ゼロ〉

19 マリー・ルイーズ・テーブルライト
アクリルとポリカーボネートのランプ。〈サンダー・ムルダー〉

20 パラダイス・テーブルスタンド
レトロ・ムラノ・コレクションの一部。ガラスの仕上げには、乳白色やクリスタルなどさまざまなタイプがある。純金やメタル(クローム)など仕上げの金具付き。〈ベラ・フィギュラ〉

21 ピッコロ・ラウンド
スレンダーなベースとアイボリーのシルクシェード。〈ヒースフィールド〉

22 レッドボール・テーブルスタンド
細長いドラム型シルクシェードがついた、樹脂仕上げのレッドボール・テーブルスタンド。〈ティンドル・ライティング〉

23 トライバル・ランプ
スマトラ島の部族に伝わるネックレスからインスピレーションを得てつくられた。〈ラ・ルー〉

24 ベント・ランプ
メタクリル樹脂にガラスを張りつけたテーブルスタンド。〈アルトゥロ・アルバレス〉

160 | 装飾照明

テーブルスタンド・トラディショナル

トラディショナルなテーブルスタンドによく使われるのがクーリィ型のシェードです。この円錐形のシェードなら、装飾性に富むランプベースにもしっくり馴染みます。ただし、スタンダードなクリーム色のシェードは避けたほうが無難かもしれません。クリーム色のシルクシェードを使うと光源のホットスポットが目立ちますし、光も冷たい印象になるからです。ゴールドの内張りをした暗めの色のシェードを選べば、ムードあふれる明かりが楽しめるでしょう。

主なデザイン

1 オリジナル・ガスランプ
オリジナルのガスランプはヴィンテージショップで購入可能。

2 バンガロー・テーブルスタンド
ティファニースタイルのこのランプは、アーツ・アンド・クラフツのデザイン。〈コワゼル〉

3 グリーンドラゴンフライ・テーブルスタンド
クララ・ドリスコルが手がけたとされるティファニーのオリジナルランプをもとに復刻。〈コワゼル〉

4 グレンヘイブン
このアールヌーボー風のランプには、優美な曲線模様のエッチングが施された琥珀色の厚みのあるガラスシェードがついている。〈ロバート・アビー Inc.〉

5 アソリクム
ティファニースタイルのハンドメイドのガラス製テーブルスタンド。どっしりした真鍮ベースがついている。〈ピリオドスタイルライティング〉

6 ザ・コーネリア
フランス・アールヌーボースタイルのテーブルスタンド。手吹きのフロストガラスシェードには紫の花のエッチングがあしらわれている。〈ピリオドスタイルライティング〉

7 フレンチ・アールデコ・テーブルスタンド
このテーブルスタンドの彫像デザインは1920年に考案された。〈デコデイム〉

8 アールデコ・テーブルスタンド
銅製テーブルスタンド。〈アーテミス・デザイン〉

9 アストロ C
1940年代の工業用デスクランプをヒントにつくられたブラッシュドクローム仕上げのロバート・アビーのランプ。ベースには押しボタン式メタル調光スイッチが組み込まれている。〈ロバート・アビー Inc.〉

10 フランチ・アールデコ・テーブルスタンド
1920年代のフランス製テーブルスタンド。成形ガラスのシェードを錬鉄のベースが支えている。〈デコデイム〉

11 アールデコ・ダブルアーム・カンデラブラ
このエレガントなアールデコのテーブルスタンドは1930年代にパリでつくられた。ダブルアームのベースにはニッケルメッキが施されている。〈デコデイム〉

12 コーン・オン・ザ・コブ・テーブルスタンド
20世紀半ばにフランスでつくられたランプ。トウモロコシの穂軸のデザインがあしらわれたブラッシュドスチールのベースが特徴。〈デコデイム〉

13 ヘキサゴン
どっしりしたブロンズ仕上げのブラスベースにクーリィ型ガラスシェードがついたランプ。〈ザ・イングリッシュ・ランプ・カンパニー〉

14 トラファルガー
重厚なスクエア型のブラスベースを持つクラシカルな円柱型テーブルスタンド。〈ザ・イングリッシュ・ランプ・カンパニー〉

15 セラミックジャー・テーブルスタンド
陶器の壺型ベースの手描き模様には、双喜という、喜びを2つ重ねた吉祥字「囍」が描き込まれている。〈オーキッド〉

16 テンプルジャー・テーブルスタンド
青と白の寺院型の壺には金メッキのベースがついている。〈ベッセリンク・アンド・ジョーンズ〉

17 ティーキャディ・ランプ
ベースに絵が描き込まれたランプ。伝統的な紅茶容器のデザインをヒントにしたもの。〈ベッセリンク・アンド・ジョーンズ〉

装飾照明

デスクランプ

デスクランプは実用的な明かりが得られるものを必ず選ぶようにしてください。カンチレバー式のデザインなら、必要な場所に光を向けられるので便利です。狭いスペースには、壁付けのタイプを検討しましょう。LED技術が進んだ結果、最新式のデスクランプも続々と登場しています。斬新なデザインをセレクトして、個性的な演出を手軽に楽しみましょう。

主なデザイン

1 ダブ・テーブルスタンド
2段階調光スイッチが組み込まれたエレガントなテーブルスタンド。マリオ・バルバグリアとマルコ・コロンボのデザイン。

2 プロトタイプ・テーブルスタンド
2001年にベルンハルト・デセッカーとインゴ・マウラーが手がけたデザイン。素材はアルミ、ステンレス、真鍮、プラスチック、そしてシリコン。

3 ビル・テーブルスタンド
ジョイントでつながった2本アームの古典的なランプ。とてもフレキシブルで調整しやすい。〈トビアスグロー〉

4 リトル・ビッグ・ランプ
インゴ・マウラーのデザイン。素材はスチールとアルミとガラスとプラスチック。

5 テーブルライト
スリムなラインのライト。〈トビアスグロー〉

6 ティツィオ 50
リヒャルト・ザッパーがデザインしたブラックもしくはクローム仕上げのランプ。

7 ツイッギー・テーブルスタンド
ラッカー塗装したグラスファイバーのベースに載った合成素材のランプ。デザインはマーク・サドラー。〈フォスカリーニ〉

8 トロメオ・テーブルライト
ミケーレ・デ・ルッキとジャンカルロ・ファッシーナによるデザイン。シルバーカラーのアルマイト仕上げのアルミランプ。

9 メランポ・ベッドサイド
グレーもしくはブロンズにペイントされたアルミのベースと、サテンシルクとプラスチックのシェードで構成される。エイドリアン・ガルデーレのデザイン。

10 チェーン LED
イラリア・マレッリがデザインした用途の広い折りたたみ式テーブルスタンド。ポリッシュドアルミと艶消しアルミでできている。

11 アングルポイズ
オリジナルの1227テーブルスタンドをジョージ・カワーダインがデザインしたのが1932年。このランプはアングルポイズ75周年記念に再発売されたもの。器具を安定させるためにどっしりと重くつくられたベースとアルミのアームで構成される。〈アングルポイズ〉

12 バウハウス・テーブルスタンド
1927年にエデュアルト・ヴィルフレット・ブーケがデザインしたオリジナルモデルのレプリカ。1940年代までさまざまなバージョンがつくられた。

13 トラディショナル・ブラス・バンカーズライト
19世紀の古典的デザインを再現。今でもトラディショナルなインテリアに似合う照明として人気が高い。〈ベッセリンク・アンド・ジョーンズ〉

14 ハロゲン・バンカーズライト
真鍮スタンドのデザイン。他にもブロンズ、クローム、ニッケル仕上げがある。〈ベッセリンク・アンド・ジョーンズ〉

キッズ照明 / ユニーク照明

ペンダントにカラーシェードをつけるだけで、子供部屋が明るく楽しい空間に変わります。動物形のライトを壁につけて読書灯にすれば、実用的で面白い照明になるでしょう。他にも、可愛いガラスのライトをいくつも吊り下げてベッドサイドの明かりにしたり、照明をつなげて壁に掛けて飾ったりと、いろいろ試してみましょう。

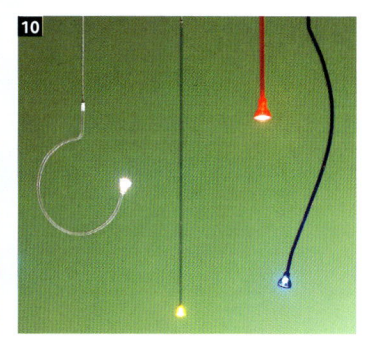

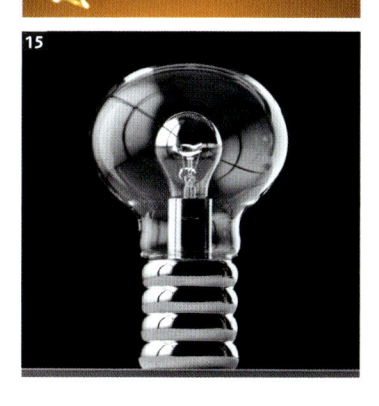

主なデザイン

1 フラワー・テーブルスタンド
マルチカラーの子供用テーブルスタンド。同じデザインのウォールライトとシーリングライトもある。〈エグロ〉

2 ダルメシアン
小さなアダムランプをアレンジした楽しいデザイン。〈ポルタロマーナ〉

3 ビー・ウォールライト
〈エグロ〉がデザインした子供用ウォールライト。

4 ボーイ/ガール・シーリングライト
子供用ペンダント・シーリングライト。ピンクとブルーのタイプがある。〈エグロ〉

5 スポットライト・ウォール/シーリングライト
カラフルな4つのスポットライトをつなげたこの照明は、ウォールライトにもシーリングライトにも使用可能。スポットライト2個のバージョンもある。〈エグロ〉

6 スシ・ビー・ウォールライト
木と合成素材でできたシーリングペンダント。〈エグロ〉

7 ジェフ・スマイリー・カイト
壁にも天井にも設置可能な子供部屋用ライト。〈エグロ〉

8 アストロ・ラバランプ
ラバランプは、1963年にエドワード・クレイヴン・ウォーカーがエッグタイマーのデザインをアレンジして発明したのがはじまり。以来、英国では自家製ラバライトがつくられてきた。〈マスモス〉

9 ガラヴェルナ
ペペ・タンツィがデザインしたガラスのペンダント。

10 フィリ・アンジェロ
ペペ・タンツィがデザインしたガラスのペンダント。〈アルバム〉

11 ウィッシュ・アポン・ア・スター
手描きのボーンチャイナシェード。〈オリジナルBTC〉

12 フロム・ザ・ハート
インゴ・マウラーが1989年にデザインしたテーブルスタンド。素材はメタルとプラスチック。角度調整ができるガラスのミラーがついている。

13 オービタル
1992年にフェルーチョ・ラヴィアーニが手がけたフロアランプ。さまざまな形をしたカラフルなガラスプレートはシルクスクリーンでプリントされている。

14 ファルファッラ
ペペ・タンツィがデザインしたガラスライト。〈アルバム〉

15 バルブ・テーブルスタンド
特大の電球の形をしたガラスランプ。〈インゴ・マウラー〉

ピクチャーライト

ピクチャーライトは、何ものにも代えがたい独特の雰囲気を部屋にもたらしてくれます。照明対象に合うように、光源選びはつねに慎重におこないましょう。重厚感のある油絵は少し強めの照明でも引き立ちますが、水彩画や素描画は、優しくそっと照らす必要があります。絵画をカバーするガラス面から光が反射したりグレアが生じたりしないよう注意して、照射対象の大きさを考慮しながら照明器具を選ぶのがポイントです。迷った時は、照明デザイナーに相談しましょう。

主なデザイン

1と2 スクエア／ラウンド・プロフィール
角度調整可能なニッケル仕上げのスクエア形ピクチャーライト。〈ポルタロマーナ〉

3 ブラスピクチャーライト(小)
アンティーク加工した真鍮のトラディショナルなデザイン。〈ベッセリンク・アンド・ジョーンズ〉

4 スワンネック
サイズバリエーションが豊富。〈ヴォーン〉

5 ブラスピクチャーライト(大)
アンティーク加工した真鍮のトラディショナルなデザイン。〈ベッセリンク・アンド・ジョーンズ〉

6 アロー・ウォールライト
〈ベッセリンク・アンド・ジョーンズ〉

7 アカデミーライト
個々の美術作品に合わせてカスタマイズできる。〈プレシジョン・ライティング〉

8と9 ピクチュラ・コンテンポラリー／トラディショナル
ローボルトピクチャーライト。フロスト加工したハロゲンランプが光を和らげて拡散する。〈ジョン・カレン・ライティング〉

10 アンティーク・トラディショナル
壁や額に直付けできる一般電圧用ピクチャーライト。〈ジョン・カレン・ライティング〉

11 フレキシライト
現代的なローボルトピクチャーライト。フレキシブルなので絵画やオブジェのライティングに最適。天井にも取りつけられる。〈ジョン・カレン・ライティング〉

12 フレーミングプロジェクター
見えない場所に設置できるプロジェクター。光のビームを調整して、絵画やさまざまな形のオブジェを的確に照らすことができる。〈ジョン・カレン・ライティング〉

13 ファンタジア
現代的でフレキシブルなローボルトピクチャーライト。アームを壁に直付けして、1灯のランプで絵画を照明。〈ジョン・カレン・ライティング〉

14 ファンタマウント
棚板や額縁の上に設置できるようデザインされた、ブラッシュドアルミ仕上げのシンプルなディスプレイライト。ロッドにはストレートタイプとカーブタイプがある。〈プレシジョン・ライティング〉

168 | 装飾照明

エクステリア照明

屋外スペースを適切に照明することで、住まいの境界を拡張できます。最近では、耐候性に優れたさまざまな照明器具が出回っているので、選べるオプションも豊富になりました。オーソドックスなスタイルのウォールランタンやポーチライトに加えて、独立型のガーデンライトも登場しています。さらにLEDを使えばカラーライティングにチャレンジすることも可能です。

主なデザイン

1 デッキライト
灯具にはダークグリーン塗装とウェザード仕上げがあり、ガラスには透明タイプと乳白色タイプがある。〈デイビー・ライティング〉

2 ジーナ
ニッケル仕上げのランタン。〈チャールズ・エドワーズ〉

3 リージェンシー・パイナップル・ランタン
亜鉛メッキの吊りランタン。〈チャールズ・エドワーズ〉

4 ゲートポスト・ランタン
チャコールに塗装されたフランス風テーパードスタイルのランタン。繊細な真鍮の装飾が施されている。〈チャールズ・エドワーズ〉

5 フレンチポーチ・ランタン
ブロンズとニッケルのこのデザインは、伝統的なスタイルを現代風に再現したもの。〈チャールズ・エドワーズ〉

6 フレンチウォールランタン
油壺とフロストガラス筒がついた白目製ランタン。〈チャールズ・エドワーズ〉

7 ロメオ・ライティング・イン・ザ・レイン
このフロアライトは、フィリップ・スタルクがデザインしたアウトドアライト・シリーズのひとつ。〈フロス〉

8 ブラス・バルクヘッドライト
真鍮ダイカストフレームにフロストガラスのディフューザーをとりつけたライト。〈デイビー・ライティング〉

9 ボックス・ウォールランタン
フロストガラスでソフトな明かりを。〈ジョン・カレン・ライティング〉

10 フットライター
スパイク付き照明器具。低い位置から地面を照らすことができる。〈ジョン・カレン・ライティング〉

11 アレグザンダー・ウォールランタン
エネルギー効率の高いLEDが組み込まれている。〈ジョン・カレン・ライティング〉

12 ウォーボ
〈ヤマギワ〉

13 カンパザール・ガーデンライト
〈B・ルクス〉

14 インペリアル・ウォールランタン
サイズバリエーションが豊富な10枚のフィンが付いたウォールランプ。〈ボイド・ライティング〉

15 カラーフロアライト
〈ブルームポット〉

16 ハバナ・アウトドアランプ
成形ポリエチレンのディフューザーと、棒状のメタル支柱がついたランプ。〈フォスカリーニ〉

17 ペンダント
〈ルイスポールセン〉

18 パッセージ
ケヴィン・ライリーがデザインしたペンダント。

19 クリッパー・ライト
アンティーク真鍮仕上げの素敵なウォールライト。〈ジム・ローレンス〉

20 スピネーカー
この印象的なローボルトのライトは、上から壁を照らして光だまりをつくりたいときにぴったり。〈ジョン・カレン・ライティング〉

21 オデオン
ニッケルのウォールランタン。〈チャールズ・エドワーズ〉

22 エクステリアフロアライト
〈オールーチェ〉

- ■ 正面玄関とポーチ
- ■ エントランスと廊下
- ■ 階段と踊り場
- ■ リビングルーム
- ■ キッチン

住まいの中で

パート 5

- ■ ダイニングルーム
- ■ オープンプランのリビング
- ■ 子供部屋
- ■ ホームオフィス
- ■ ワインセラー
- ■ ホームシアター
- ■ 化粧室
- ■ 寝室
- ■ バスルーム
- ■ ホームジム
- ■ スイミングプール
- ■ コンサバトリー
  (ガーデンルーム)
- ■ 屋外スペース
- ■ ちょっとしたスペース

建築化照明と装飾照明を組み合わせることで、フレキシブルで美しく、機能的でドラマティックな空間をつくることができます。このセクションでは、住まいの各部屋が照明によってどれだけ素敵に変身するかを見ていきます。優れた照明を施すことで空間に革命をもたらすことができます。ムードを生み出し、ボタンひとつで空間を広く見せたり狭く見せたりできるのが照明の力なのです。緻密に計算された照明プランは、ある種の背景幕を提供します。この幕を背景に、インテリアデザインが美しく引き立てられ、アートワークが際立ち、内と外がつながり、オープンプランの空間がフレキシブルに使用され、ホームオフィスやキッチンに実用的な光が届き、人々が集まってくつろぐためのおだやかなアンビエント照明が提供されるのです。

正面玄関とポーチ

訪問者が真っ先に目にするのが正面玄関です。ここの照明を変えるだけで、玄関先に必要な明かりを届けつつ、スタイリッシュでありながら、温かく出迎えてくれるような印象を生み出すことができます。

室内照明の法則を家の外にも適用します。空間をチェックして、光を当てたいポイントを決め、照明の適切な設置場所を検討しましょう。建物の外観を吟味すれば、効果的な照明デザインがおのずと見えてくるはずです。

外出中もエントランスには明かりが欲しいものですが、昼間に明かりが点いたままだとエネルギーの無駄になります。そういう時には太陽電池式屋外用ライト——昼間は自動的に消灯する単純な照明装置——が便利なので、検討してみましょう。また防犯のために、人が近づくとライトが点灯する人感センサーや、決まった時間に屋外照明を作動させるタイマーモードの導入もお勧めです。

▲ **エレガントなフレーム**
緻密な計算によってポジショニングされた2灯の屋外用ウォールライト。滝のように流れ落ちる暖色系の光が玄関ドアを縁取り、人を優しく迎え入れるほのかな輝きを生み出しています。

▶ **温かくお出迎え**

エントランスホールとそれに隣接する部屋から漏れる明かりが、人を出迎えるおだやかな玄関照明に。玄関ドアの両サイドのアッパー/ダウンライトが、壁を這う蔓性植物を影絵のように浮かび上がらせています。

▲ **シンプルで　コンパクト**

玄関ドアをドラマティックに縁取る現代的なアッパー/ダウンライト。玄関ドアのプロポーションに合わせて完璧なポイントに配置された照明が、玄関フロアに光だまりをつくりつつ、建物上部のディテールを浮かび上がらせています。エントランスのペンダントの優しい光が、ドア上部のガラス越しに漏れて、温かい歓迎の雰囲気に。

◀ **建物をさりげなく照明**

ファサードをシンプルにライトアップした現代的な邸宅。小道から玄関ドアへと視線を誘導していくには、これだけの明かりで十分。

正面玄関の照明のコツ

■ 建物の築年数を考慮に入れ、似たような外観を持つ周辺住宅の屋外照明をチェックします。自分の家に最適な照明デザインを決める際の参考になるでしょう。

■ 天井の高いポーチにランタンを吊るせば、玄関ドアを縁取る美しいアクセントになります。また、エントランスにおだやかな明かりが広がります。

■ 天井の低いシンプルなポーチでは、ベーシックな防雨型のローボルトスポットライトを天井に埋め込むと、玄関先を機能的にすっきり照明できます。

■ 吊り下げ型や天井直付け型にこだわる必要はありません。たとえばアッパーライトを床に埋め込めば、ドアまわりをドラマティックな光で包むことができます。

■ フロアウォッシャーは、玄関通路のライティングに最適です。

■ LEDのステップウォッシャーは、玄関に通じる階段に適した実用的な照明法です。

■ 玄関ドアの上部かサイドにガラスがはめ込まれていたら、エントランスにライトを吊るしてみましょう。光が外に漏れて、ポーチが温かく照らされます。逆にいえば、屋外ポーチのライトで、エントランス内にグレアが生じることもあります。

■ 見苦しい箇所 (排水管など) に光が当たると目立つので、照明の設置場所には注意します。

エントランスと廊下

エントランスは、外から帰ってほっと一息つく空間ではないでしょうか。あまり長居をする場所ではありませんが、温かい歓迎の雰囲気をつくるという重要な働きを担っています。またエントランスは、住まいの第一印象を決める場所でもあります。

▲ ドラマティックなエントランス
1灯のローボルトスポットライトで、アレンジされた花々を効果的に照明。ドラマティックな陰影とフォーカルポイントが生まれます。

まずは、歓迎の雰囲気をつくることから始めましょう。エントランスの大きさや形——廊下のような狭い空間でも、四角や円形の広めのスペースでも——にかかわりなく、出発点はここからです。他の部屋と同じように、光を重ねて空間に奥行きと質感を与えることも重要です。特に狭いエントランスでは、照明を重ねることがポイントになります。

幹線電圧用の光源をブラケットやテーブルスタンド、ペンダントにつけて、ぬくもりを感じさせる黄昏色の光で雰囲気づくりをしてみましょう。一番手軽なのが、テーブルスタンドを使う方法です。このスタンドは細長いコンソールテーブルの上か、ラジエータの真上の棚に置いてください。広めのエントランスには、ランプ2灯をそれぞれテーブルの両端に置いて、壁の絵や鏡を縁取るように照らすと効果的です。壁のコンセントは、テーブルトップの高さのやや下に取りつけるなど、なるべく目立たない位置に設置するといいでしょう。

テーブルスタンドを置くスペースがない時にお勧めなのが、幹線電圧用ブラケットや装飾的なピクチャーライトです。これなら場所を取らないし、適切な高さに取りつければ、エントランスに欠かせないぬくもりのある光を届けることができます。広いエントランスでないかぎり、照明器具は奥行きの浅いものを選んでください。張り出したタイプを選ぶと、実際よりも狭い印象になってしまいます。

エントランスと廊下 | 175

◀ ようこそ我が家へ
床のアッパーライトに照らされた壁の曲面が、前景のフォーカルポイントに。天井に埋め込んだライトで絵画を引き立ててながら、視線を奥へと誘導。フロアウォッシャーで明るい色の絨毯にもハイライトを当てています。

▼ 人目を引いて
狭小スペースに素晴らしいインパクトを与える3層の光。壁のブラケットで中間の高さにほのかな明かりを届け、フロアウォッシャーで床の色合いとテクスチャーを際立たせ、天井に埋め込んだライトで絵画に光を集めてフォーカルポイントをつくっています。

フォーカルポイントを引き立てる

　フォーカルポイントにハイライトを当てることで、廊下に特有の曖昧で中途半端な雰囲気を引き締めることができます。たとえば、壁に掛った絵や鏡、コンソールテーブルの上のフラワーアレンジメント、玄関ホールから見える踊り場のオブジェをライティングして、フォーカルポイントをつくりましょう。適当な対象が見つからない時は、幹線電圧用の装飾的なペンダントを吊り下げれば、エントランスの大きさにかかわらず、視覚的な「アクセント」を添えることができます。

天井埋込型のアジャスタブルローボルトスポットライトで光を壁に反射させれば、空間を広く見せることができます。また、床埋設型のアッパーライトでアーチ形の入り口やドアフレームを照らして、輪郭を浮かび上がらせても素敵です。ただし、ダウンライトで天井からストレートに照らすのは禁物です。ファッションショーの「ランウェイ（ステージ）」のように床だけが照らされて、空間が狭く見えてしまいます。

　照明をいくつか組み合わせて、重層的な光の効果を演出しましょう。たとえば、複数のフロアウォッシャーで床のテクスチャーや色合いを浮かび上がらせて、視線を奥へといざないます。次に、ラジエータカバーや細長いコンソールテーブルの上にテーブルスタンドを1灯置いて、ぬくもりのある表情を空間に加えます。さらに、天井に埋め込んだ複数のローボルトスポットライトで壁を洗うように照らしたり、アートワークや鏡に光を当てたりして、空間に広がりを持たせましょう。照明層ごとに回路を分けておけば、時間帯に応じてライトを使い分けることができます。

エントランスの照明のコツ

- ■ 光を重ねて、フレキシビリティを高めます。各回路は調光可能にしておきましょう。
- ■ 光源を1灯しか使えない場合は、幹線電圧用の白熱電球を選ぶと、ぬくもりのある雰囲気が生まれます。
- ■ アジャスタブルローボルトスポットライトで壁を洗うように照らせば、空間を広く見せることができます。
- ■ 空間をなるべく狭く感じさせないように、ブラケットやピクチャーライトはスリムなデザインを選んでください。
- ■ フォーカルポイントがない場合は、装飾的なペンダントで視覚的なアクセントをつけましょう。

エントランスと廊下 | 177

◀ **中間の高さにぬくもりを**
エントランスの廊下が、ブラケットの明かりでぬくもりのある印象に。ステアウォッシャーと窓のアッパーライトがフォーカルポイントをつくり、光のアクセントを添えています。

▶ **建築工学**
シンプルな照明が強いインパクトを生み出しているおかげで、これ以上の装飾は不要に。スクエア型のローボルトダウンライトを連続的に配置して、奥行き感を演出。ライトを適切な高さ——天井のやや下——に取りつけて、器具を空間に馴染ませています。

◀ **トラディショナル空間に視線を集めて**
ぬくもりを感じさせる明かりのベースとなっているのが壁のブラケット。床に埋め込んだアッパーライトが光で空間を縁取って、ここを通る人を奥へといざなっています。

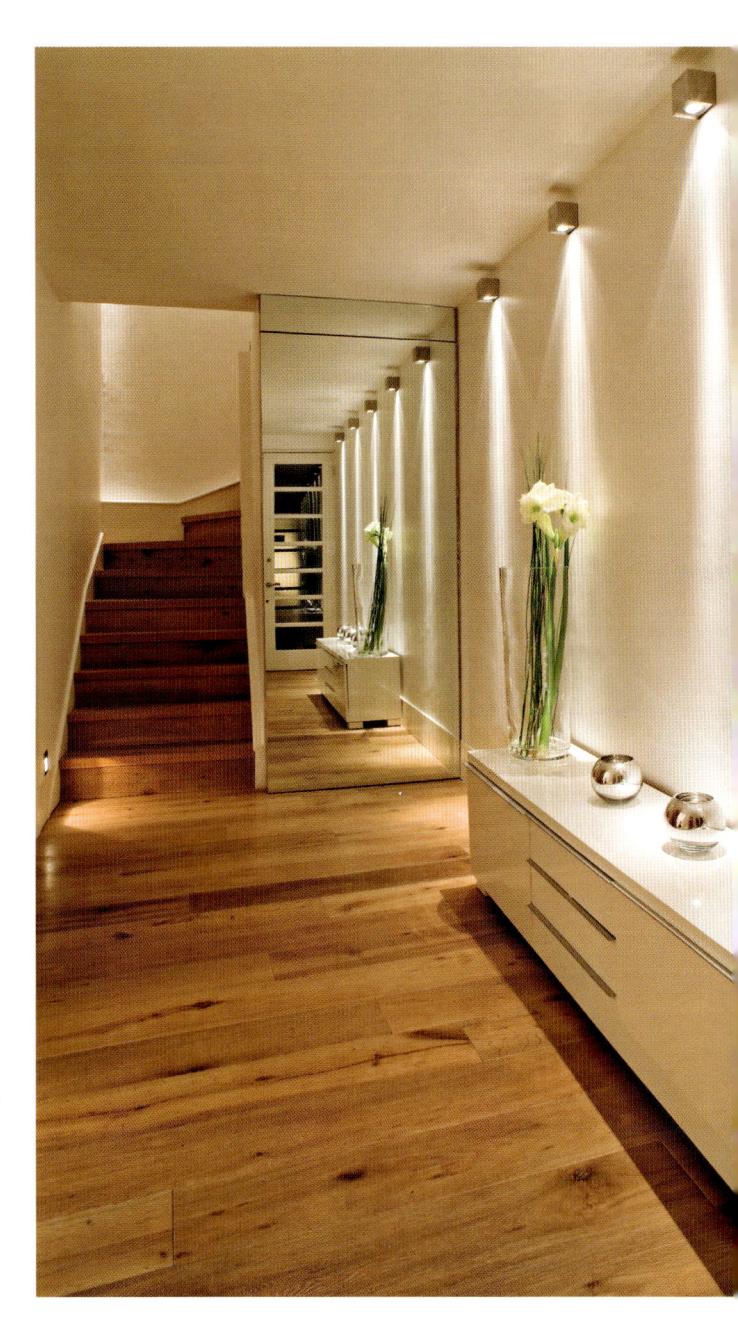

階段と踊り場

住まいの階段と踊り場は、空間どうしをつなぐ重要な場所です。ここでも、他の部屋と同じように光を重ねるテクニックを使うことで、階段や踊り場や廊下が他のスペースとスムーズにつながります。スイッチを適切な位置に取りつければ、すっきりとした思い通りの照明空間を実現できるでしょう。

　ポイントは、階段と廊下の照明を切り離さないようにすることです。エントランスから1階の踊り場が見える住宅が多いので、こうしたエリアを慎重にコーディネートすることが大切です。

　まずは低位置の照明からデザインしていきます。フロアウォッシャーを使えば、どんなタイプの階段も機能的かつ控えめに照らすことができます。特にLEDはコンパクトなので、階段の照明には最適です。スクエア型かラウンド型の照明器具を階段に沿って壁の低い位置に埋め込み、踏面を撫でるように照らして、視線を上方に誘導します。

　こうした照明は、由緒ある建物の中央階段には不向きかもしれません。しかし、中古住宅の地下室や貯蔵室に通じる階段のように、頭上に照明を設置できない階段なら、たいていは効果を発揮します。階段用のフロアウォッシャーは常夜灯としても重宝します。オープン手すり (隙間のあるデザインの手すり) が階段についていたら、ライトを低い位置に取りつけるなどして、グレアが生じないよう調整してください。

すべては細部に宿る

ライトに照らされた四角いディスプレイキャビネットが、デッドスペースになっていた半踊り場のフォーカルポイントに。踏面を照らすステアウォッシャーで上階と下階を結びつけ、踊り場のブラケットで視線を上方に誘導しつつ、雰囲気のあるスリムで控えめな明かりを届けています。

階段と踊り場 | 179

◀ ぬくもりのある図書スペース

目立たない位置に取りつけたリニアライトで書棚を優しく照らせば、踊り場が生き生きとした空間に。使用頻度の高い場所なので、壁に組み込んだ石膏ブラケットには省エネタイプの光源を設置。ステアウォッシャーが便利な常夜灯になっています。

限られたスペースの照明

　階段のような限られたスペースを、場所を取らずにすっきりと照明する方法は他にもあります。手すりがあれば、光源を手すりに取りつけましょう。手すりがない場合は、壁のスロットを蛍光灯で照らせば、実用的な明かりを届けつつ、ミニマルで大胆な演出が施せます。

　階段の下が空いている場合は、照明を工夫して、そこがデッドスペースにならないよう注意してください。幹線電圧用リニアロープライトかリニアLEDを段板端部の裏に取りつければ、階段の輪郭が引き立ち、空間に独特の雰囲気が添えられます。あるいは、階段下の奥にある壁際の床にLEDか幹線電圧用アッパーライトを埋め込んで、建物の輪郭を浮かび上がらせ、視線を奥に引きつける方法もあります。さらにコンセントを取りつければ、テーブルスタンドか、オブジェの後ろに置いた差し込み式アッパーライトで、光と陰影をつくることもできます。

▲ 光の上昇

狭い階段を広く見せるスロット照明。壁にすっきりと収まりながら、空間にドラマティックな陰影とやわらかな光を投げかけています。階段の上の照明が、視線をリビングに誘導。全体的に落ち着きのある自然な雰囲気に仕上がっています。

階段が狭い時は、片側の壁にスロットもしくはニッチをつくってください。スロットの上か下にライトを埋め込めば、場所を取らずに、実用的でドラマティックな光を届けることができます。

半踊り場の窓台もアッパーライトを埋め込むのに最適な場所です。窓枠近くに取りつければ、建物のディテールが光の中に浮かび上がり、家の中からも外からも楽しめるドラマティックな明かりが生まれます。光源はLEDのアッパーライトがいいでしょう。触れても熱くないので、カーテンなどのファブリックの近くに置いても安心です。

▲ 荘厳な鏡像
アーチ型の鏡に映る陰影豊かなペンダント。視線を踊り場へといざない、廊下に奥行きを与えています。ライトアップされたアーチ型ミラーまで続くステアウォッシャーで、エレガントな連続感を。

▶ オープンな眺め
オープンステップの隙間から見える階段下の照明エリア(挿入写真)。引き込まれるように階段下に目を転じると、かつてはデッドスペースだった場所も、今では床に埋め込まれた光源が壁を優しくライトアップして、ソファーまわりにバックグラウンド照明を提供しています。ステアウォッシャーで段板を照らして、木目の色合いと風合いを強調。

◀ すっきりした空間
スクエア型のローボルトライトを連続的に配置することで、曲がりくねった急勾配の階段をすっきりと照明。ブラケットの現代的なデザインが、トラディショナルな木製バニスターにしっくりと馴染んでいます。

階段と踊り場 | 181

　スペースが限られていても、あまり場所を取らずに照明する方法はあります。たとえば、スリムなローボルトのアッパー/ダウンライトで半踊り場の窓を縁取ることもできますし、スクエア型の石膏製アッパー/ダウンライトを壁に合う色にペイントしてコーナー付近に取りつけても素敵です。

　2階や3階の踊り場に続く長い階段は、存在感のあるペンダントを吊り下げるのに最適な場所です。こうした光源で踊り場全体を照らしたい場合は、吊り下げコードの先端から光を放つタイプではなく、灯具全体から明かりを放射するタイプを選ぶようにしてください。傾斜した階段の裏側に光源を埋め込むのは禁物です。埋込穴の深さが概して不十分なうえに、階段の昇降時にグレアが生じてしまうからです。

スイッチの位置決め

　光源のタイプと設置場所を決めたら、次は、空間をスムーズに移動できるようスイッチの位置を慎重に検討しましょう。吹き抜け階段や踊り場はさまざまな使われ方をするので、スイッチの設置場所は決めにくいかもしれません。日常生活でどのように移動するのかをじっくりとイメージしていきます。クリアすべき2つポイントを以下に挙げておきます。ひとつは、これから階

段を昇っていこうとする時に、廊下のライトを全部消して、階段と最初の踊り場の照明を点灯できるようにすること。もうひとつは、部屋から踊り場に出た時に、手を伸ばすとすぐに電灯のスイッチに届いて、これから向かう先が見えるようにすることです。以上の条件をクリアすれば、スイッチプレートの数を最小限に抑えて、ロジカルに配置しやすくなるでしょう。こうした場所のスイッチの配置に正解はありません。専門家に相談してみるのもひとつの手です。一般的にプロのアドバイスは非常に参考になるようです。

調光器の活用

階段の照明をマニュアル式調光器でコントロールする場合は、調光器のスイッチを最適な位置に設置するようプランを練っていきます。当該エリアで一番使い勝手の良い場所に設置するのが望ましいでしょう。より高度な調光装置──リモコン式やワイヤレスシステム（42-45ページ参照）など──を使う場合は、光をどこからでもコントロールできます。

スイッチの数は最小限に抑えて、壁にむやみに物を取りつけないようにします。壁のスイッチプレートを床から90cmの高さに設置すれば、ドアの取っ手と同じ高さなので、視界の邪魔になりません。

メンテナンスの手軽さも照明プランの重要なポイントです。電球を換える時に器具に手が届かない場合は、別の照明法を検討しましょう。どこに取りつけるにしても、ライトはメンテナンスしやすい場所に取りつけてください。

ソフトに効率よく
壁に埋め込んだLEDライトが、ソフトな光で踏面を洗うように照らしています。わずか1ワットのライトなので、20ワット/12ボルトのスタンダードな照明よりも節電・節約に。

階段と踊り場 | 183

◀ 心を落ち着かせる照明

実用的な明かりを届けるステアウォッシャー。踊り場のアッパー／ダウンブラケットが建物の曲線を美しく浮かび上がらせているので、他の装飾は必要ありません。こうした照明によって、さまざまな素材（木や金属やガラス）で構成される空間に統一感が与えられ、ゆったりした落ち着きのある雰囲気が生まれます。

階段の照明のコツ

■ メンテナンスがしやすい場所以外には、ライトは設置しないでください。
■ それぞれの空間を視覚的につなげて、移動がスムーズにおこなえるようスイッチプレートの設置場所を検討します。
■ 建物の構造部分（階段の壁や窓台など）にライトを埋め込めば、狭い空間や限られたスペースでも選択肢が広がります。
■ 階段の照明にペンダントを使う場合は、踊り場全体に光を放つものを選んでください。

▲ 視線の方向

壁の低い位置に埋め込んだリニアLEDライトが、階段吹き抜けのミニマルなデザインとマッチしながら、階段の昇降に必要な明かりを届けています。

リビングルーム

リビングルームは、リラックスできる住まいの中心です。お迎えしたゲストにくつろいでもらえる空間にしなければなりません。会話が弾む和やかな雰囲気づくりに欠かせないツールが、リビングルームの照明です。

　リビングルームの照明は、家具のレイアウトも考慮に入れながらプランを立てていきます。メインとなるソファーエリアが部屋の中央にある場合は、その各コーナーにテーブルスタンドを置くようにします。この時、ランプのコードを伸ばしすぎると足を引っ掛ける危険があるので、テーブルスタンドが必要な場所にフロアコンセントを取りつけるといいでしょう。

　ソファーの後ろのテーブルに2灯のスタンドを置けば、サードテーブルにゴタゴタと物を置かずに済みます。また、ランプの位置がやや高くなるので、読書の時にも便利です。ゴールドの内張りのシェードで明かりに温かみを添えたい時は、控えめなデザインの読書用フロアスタンドを選ぶといいでしょう (150-153ページ参照)。

　ソファーエリアが壁際にある場合は、ソファーの両サイドにフロアスタンドを1灯ずつ、あるいは両サイドの

リビングルーム　　185

▲ **ソファーまわりを華やかに**
天井に埋め込んだダウンライトが、暖炉上とコーヒーテーブルの上のフォーカルポイントを強く照らして、人が集いやすいソファースペースをつくっています。

◀ **対称性のハーモニー**
鏡を縁取るように置かれた2灯のテーブルスタンドが、ソファーにぴったりの読書灯に。スタンドの両脇では、2灯のブラケットが壁を装飾しながら、ぬくもりのある光の層を空間に添えています。さらに中央ではシャンデリアがフォーカルポイントに視線を集めて、空間を引き締めています。

アクセントテーブルにスタンドを1灯ずつ置くようにすれば、必要な明かりが確保できます。スペースが狭い時や、部屋に物をあまり置きたくない時は、壁付け式スイングアームライトを床からおよそ130cmの高さのところに取りつければ、ソファーまわりに最適な読書灯になるでしょう。コーヒーテーブルかダイニングテーブル、あるいはゲーム用テーブルが部屋の中央にある時は、アーチ形のフロアスタンドでテーブル上に大きな光だまりをつくる方法もあります。

　コンパクトなリビングルームでは、棚に設置した幹線電圧用ロープライトか、収納ユニットの上に取りつけたハロゲン光源を使えば、ランプを置かなくても空間にぬくもりのある明かりが添えられます。このタイプの照明は、どの角度からも——特に座った位置からも——電球が見えないよう慎重に取りつけましょう。

フォーカルポイントの照明

　壁のフォーカルポイントを明るく照らして部屋の周辺に視線を引き

つけて、ランプの明かりとバランスを取れば、空間に統一感が生まれます。たとえば、2灯のブラケットを床からおよそ175cmの高さに設置して、光の層を加えるのもひとつの手です。ブラケット──長方形の漆喰タイプや装飾性の高いタイプなど──で壁を縁取るように照らせば、部屋の明かりのバランスが整います。このように照明することで、メインとなるソファーまわりだけでなく、部屋全体を有効に使うことができます。

　ローボルトのスポットライトで暖炉の上の絵や鏡などのフォーカルポイントを照らす方法もあります。ただし、フォーカルポイントがテレビのスクリーンになっている場合は、そこに光を当てるのは禁物です──照らし出されたテレビ画面ほど見苦しいものはありません。レトロな暖炉の縦枠をライトアップしたり、床置きのローボルトアッパーライトで観葉植物を背後から照らしたりして、空間にフォーカルポイントをつくることもできます。観葉植物のライトアップは、「デッド」コーナーの解消にもなります。優美なカーテンをライティングするのもいいでしょう。特に、夜になると必ずカーテンを閉めている場合は効果的です。

リビングの照明のコツ

- 家具のレイアウトを考えてから、それに合わせてランプの配置を決めていきます。
- 小さなランプを数多く使うのではなく、大きめのランプを数少なく使うようにします。
- 天井にライトの埋込スペースがない時は、差し込み式のローボルトアッパーライトで、絵画やオブジェなどのフォーカルポイントを照らしましょう。
- リビングでは各照明回路に調光器を必ずつけるようにしてください。
- 読書灯が必要な時は、ミニマルなデザインの読書用フロアスタンドを購入しましょう。

▼ ▶ ツートーン
アートワークをシンプルに照明。デスク上のランプの温かみのある光が、空間に彩りを添えています（下）。ソファーの下にフロアコンセントがあるので、コードを引いてくる必要もありません。

夜になって照明を落とした空間（次ページ）。隣接するダイニングと庭からの光の層も加わり、リビングの雰囲気ががらりと変わります。庭の照明には部屋を広く見せる効果も。

リビングルーム 187

▶ **照明層の解説**

アジャスタブルスポットライト（灯数をなるべく少なく使用）で、アートワークと中央のコーヒーテーブルを照明。テーブルスタンドが味わい深い明かりを届けています。

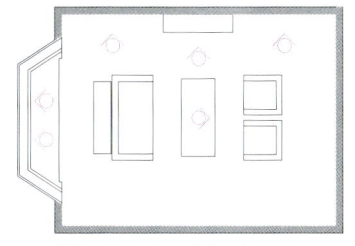

照明層1 & 2　天井埋込型ダウンライト

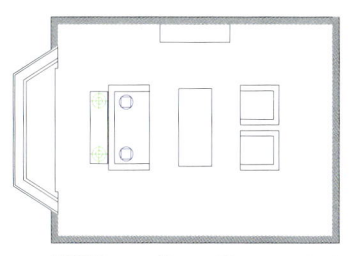

照明層3　テーブルスタンドとフロアコンセント

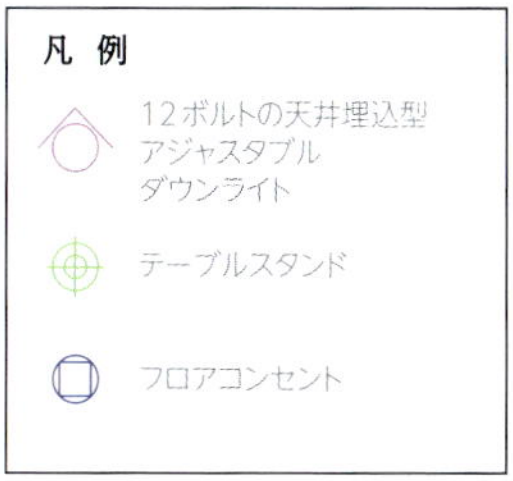

凡 例

- 12ボルトの天井埋込型アジャスタブルダウンライト
- テーブルスタンド
- フロアコンセント

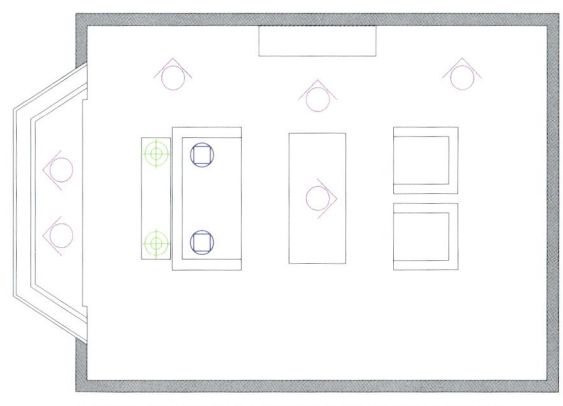

全照明層　照明層を組み合わせて、落ち着きのある心地よい雰囲気に。

キッチン

家族が多くの時間を過ごすキッチンでは、タスク照明を適切に施すことが最重要課題になります。照明の数は多いのに、視作業をおこなうためのベストな明かりが届いていないキッチンは少なくありません。また、ほとんどの人にとってキッチンは実用的な空間であると同時に、くつろぐための居住空間でもあります。こうした場合に重宝するのが、光を重ねる照明法です。

キッチンでは、影のできない均一な光のもとで作業をするのが理想です。壁付けのカウンターや作りつけのキャビネットがある時は、カウンタートップの端のラインに沿って、アジャスタブルスポットライトを天井かキャビネットの下に連続配灯する方法があります。この時、壁やキャビネットの表面に光をいったん当てて、反射光が作業者の手元に当たるようにライトの向きを調整します。こうすれば作業者の前に影が落ちないので、手元がよく見えるでしょう。

同様の照明法をギャラリースタイルの狭いキッチンに採用すれば、空間を広く見せる効果も期待できます。

背の高いキャビネットや壁付けユニットの上部が天井から30㎝以上開いていたら、温白色の蛍光灯やローボルトのリニアライト、あるいはリニアLEDを取りつけて、光を拡散させるのも一法です。光を天井に反射させるには、キャビネットトップと天井の間が30㎝以

キッチン | 189

▲ **すっきり的確に**
キャビネット下に埋め込んだローボルトのスポットライトで、作業エリアをすっきり照明。ガラス棚のオブジェを浮かび上がらせながら、カウンタートップに光を届けています。さらに天井のアジャスタブルダウンライトで、影のできにくい均一なタスクライトを追加し、エレガントな色ガラスのペンダントをキッチンの作業エリアとリラックスエリアの間に吊るして、人目を引くアクセントに。

◀ **落ち着きのあるエレガンス**
キャビネット下に埋め込んだライトが、カウンタートップにタスク照明を届けています。リニアLEDライトをキャビネットトップに設置して、おだやかなアンビエン照明を提供。2灯のペンダントがキッチンアイランド（写真では見えない）に実用的な明かりを届けつつ、それ自体がフォーカルポイントになっています。

上開いている必要があります。それ以下の狭さになると、光がうまく反射しないため、作業に役立つ光が空間に届きません。

作業エリアの照明

　壁付けのキッチンキャビネットを最大限に活用します。キャビネット下に光源を取りつけて、タスク照明をカウンタートップにダイレクトに届けましょう。キャビネットに埋め込むと光源が目立たず、空間もすっきりします——LEDならキャビネットの中身が熱くならないので、特に効果的です。キャビネット面にライトを直付けする場合は、光源を遮光板で隠してください。キッチンにスペースがある時や、壁付けのキャビネットがない時は、ハロゲンランプのブラケットを使いましょう。作業エリアを間接的に照らせますし、頭上にスポットライトを複数つけた時よりも、食卓にふさわしいリラックスした雰囲気を生み出せます。

　主にキッチンアイランドで調理をする場合は、そこに適切な照明を施す必要があります。天井高が2.4m以上あれば、ペンダントを吊るす方法もあります。幹線電圧用ペンダントは、それ自体がフォーカルポイントになって、雰囲気を盛り上げてくれるのでお勧めです。LEDの

ペンダントも洒落ていて素敵に見えますが、LEDでは作業に適した明るさが確保できません。

キッチンの照明のコツ

- 天井にアジャスタブルライトを埋め込む時は、ベースキャビネットの端のラインに沿って連続配灯し、影のできにくい均一なタスクライトを提供します。
- 過剰な照明は禁物。必要な明かりは案外少ないものです。用途がないものは不要なライトです。
- キャビネット下の適切な位置にライトを取りつければ、カウンタートップのタスクライトになりますし、早朝と夜間にはキッチンの作業エリアの照度を上げることができます。
- キッチンアイランドやテーブルの上に1灯の装飾的なペンダントか、数灯のペンダントを吊り下げると、空間の雰囲気が高まり、キャビネットの角張ったラインが和らぎます。
- キッチンの照明を回路分けして、必要に応じてそれぞれのライトを使えるようにしておきます。

モダンなライン

グレアの少ない角型（長方形と四角）のダウンライトがキャビネットの表面を洗うように照らしたり、中央のアイランドにハイライトを当てたりして、キッチンに現代的なテイストを添えています。ニッチ（左）の中の埋込型ローボルトライトで花々を照明して、空間に広がりを。フードに内蔵されたライトでコンロの上も照明。可能であれば、フード内蔵型ライトもキッチンの主要照明コントローラに組み込むとさらに使いやすい空間に。

極意　床を照らす

キャビネットのキックプレートに埋め込んだライトで床を洗うように照らせば、空間をドラマティックに演出できます。ライトはスクエア型かラウンド型のどちらでもかまいません。こうしたライトは常夜灯にもなりますし、調理が終わった後もそのまま点けておけます。ただしライトを埋め込むには、キックプレートに10㎝以上の厚みが必要です。

▶ 意外な工夫

機能的なキッチンのオープンユニット。すっきりと収納された陶器とガラス器を照らすリニアLEDが、天井と床の中間あたりにも明かりを届けています。床に埋め込んだアッパーライトで空間の輪郭を際立たせ、壁付けのクラシカルなライトでキッチンにタスク照明を届けつつ、温かく迎えるような雰囲気を添えています。

ダイニングルーム

毎日使うのが楽しくなるような空間。特別な日にゲストを迎えるおもてなしの空間。そんなダイニングにするには、昼と夜それぞれに効果的な照明を考える必要があります。照明デザインが成功すれば、住まいに部屋がひとつ増えたような、素敵な効果が生まれます。

極意

幹線電圧用の光源だけで照らされた部屋は「フラット」すぎる印象になりがちです。これを改善するには、床置きの差し込み式ローボルトアッパーライトで隅の薄暗いスペースを光で埋めたり、クリップ式スポットライトをサイドボードに取りつけて、彫刻などのアートワークを照らしたりするといいでしょう。いろいろな種類の差し込み式ライトを実際に試しながら、よりダイナミックで味わいのある部屋づくりにチャレンジしましょう。

ダイニングスペースの照明で最も重要なのが、テーブルの上のライトです。テーブルの上に強いフォーカルポイントをつくることで、人が自然と集まりたくなるような吸引力が生まれます。天井高が2.4m以上ある時は、装飾的なペンダントを使うと、印象的なアクセントになるでしょう。幹線電圧用光源は空間を美しく照明してくれます。テーブル中央にペンダントを1灯吊り下げるのが、失敗の少ないオーソドックスな方法です。しかしテーブルが長い場合は、2灯以上のペンダントを使って、食卓に光のドラマを添えましょう。天井が非常に高い時は、ペンダントのコードの長さに注意します。自分で思うよりも低い位置

ダイニングルーム | 193

▲ ぬくもりに包まれて
着席した人々を優しく包むような、ぬくもりのある雰囲気をつくるピクチャーライト。ローボルトのスポットライトでテーブルを明るく照明。窓の外に広がる中庭のライティングが空間に彩りを添えつつ、ダイニングルームに広がりを持たせています。

◀ プラグイン空間
照明だけで装飾した素朴な空間。床に埋め込んだ広角のLEDアッパーライトが壁を連続的に照らして、光の並木道をつくっています。床に置いた差し込み式スクエア型アッパーライトで幅広シャッターのテクスチャーを際立たせ、高い天井に視線を誘導。グレアを抑えた長方形のミニマルなダブルスポットライトが、テーブルをさりげなく照らしています。

に吊り下げたほうが、テーブルまわりがぐっと引き立ちます。もちろん、向い側に座っている人の顔が見えることが第一条件ですが、ペンダントをなるべく低い位置に吊り下げたほうが、素敵な雰囲気になるでしょう。

　可能であれば、天井のスポットライトとペンダントの明かりを交差させましょう。こうすることで、夜にはガラスや陶器にきらめきが加わりますし、昼間には食卓の明るさがアップします。照明を回路分けしておけば、それぞれの時間帯や場所に応じて必要な明るさに調整できます。ローボルトのスポットライトを天井に埋め込むと、さらに現代的な印象に仕上がります。こうしたスポットライトは、テーブルの中心線に沿って配灯するか、テーブルまわりに配して光を交差させるといいでしょう。ただし光の照射対象はあくまでテーブルであって、着席者の頭頂部ではないことを忘れずに。

周辺部のライト

　部屋の周辺部のライトを適切な位置に取りつけることも重要です。ブラケットやピクチャーライトなら、夜には心地よいリラックスした雰囲気をつくり、昼間は部屋を広く見せてくれます。ローボルトのスポットライトを使ってアートワークや鏡を引き立てたり、カーテンドレープを照ら

したりするのも効果的です。夜でもカーテンやブラインドを閉めない素敵な窓辺がある時は、LEDかローボルトのライトを窓台に埋め込んで、窓辺のディテールをライトアップする方法もあります。同様に、床に埋め込んだアッパーライトで窓や暖炉を照らすのもお勧めです。

ダイニングの照明のコツ

- 天井が十分に高い時は、テーブルの上に幹線電圧用ペンダントを吊り下げてフォーカルポイントに。
- ダイニングルームで効果を発揮するのがブラケットとピクチャーライト。床と天井の中間の高さに、おだやかなアンビエント照明を届けてくれます。
- カーテンを照明しましょう。夜にファブリックがどんよりと暗い感じになると、見た目にも最悪です。
- サイドボードかコンソールテーブルに、2灯の細いキャンドルスティックスタンドを置くと、食卓にぴったりのおだやかなバックグラウンド照明を施すことができます。
- キャンドルの明かりほど、人の顔を美しく見せてくれる明かりはありません。テーブルの上でキャンドルをふんだんに灯し、その明かりで着席者を美しく照らして、ムードを盛り上げましょう。

照明層の解説
以下の配灯図は、次ページの写真のダイニングルームに施した重層的な照明法を示しています。

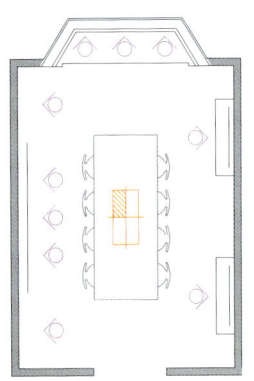

照明層1＆2
アジャスタブルダウンライトとペンダント

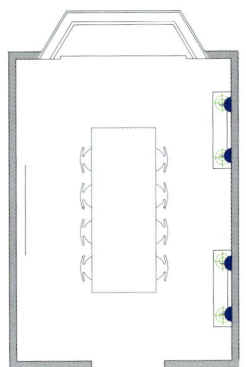

照明層3＆4
壁のコンセントとテーブルスタンド

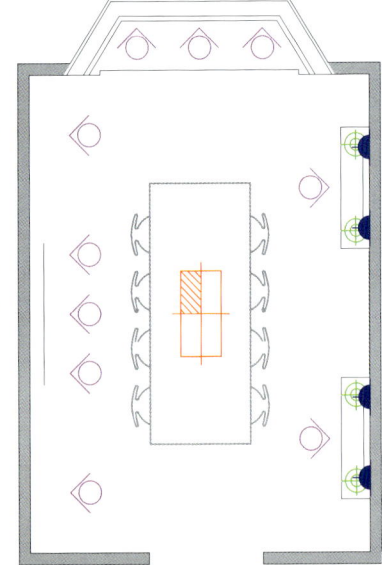

凡例
- 12ボルトの天井埋込型アジャスタブルダウンライト
- 240ボルトの装飾的なペンダント
- テーブルスタンド
- 壁のコンセント

全照明層
存在感のある装飾的なペンダントでフォーカルポイント——テーブル——を照明。天井に埋め込んだライトで壁の絵に視線を引きつけています。人々が着席したら、テーブルスタンドの明かりで落ち着いた雰囲気に。

ダイニングルーム

きらめくテーブルセンター

ダイニングテーブルの上に吊るした長方形のモダンなシャンデリアが、壮麗なフォーカルポイントに。アジャスタブルダウンライトで、デッドスペースになりがちな夜の出窓を明るく照明。同じく、ダウンライトで壁を洗うように照らして空間に広がりを与えつつ、壁の絵画を際立たせています。

オープンプランのリビング

オープンプランのリビングでライティングを成功させるカギとなるのが、照明の回路分けです。回路を分けることで、必要に応じて空間を自由に「分割」できるようになります。ライトで空間を区切るようにすれば、在室者が部屋の各エリアを移動するのに合わせて、それぞれのエリアにフォーカルポイントをつくっていくことができます。

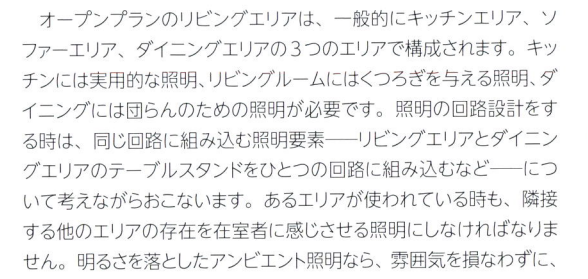

　オープンプランのリビングエリアは、一般的にキッチンエリア、ソファーエリア、ダイニングエリアの3つのエリアで構成されます。キッチンには実用的な照明、リビングルームにはくつろぎを与える照明、ダイニングには団らんのための照明が必要です。照明の回路設計をする時は、同じ回路に組み込む照明要素──リビングエリアとダイニングエリアのテーブルスタンドをひとつの回路に組み込むなど──について考えながらおこないます。あるエリアが使われている時も、隣接する他のエリアの存在を在室者に感じさせる照明にしなければなりません。明るさを落としたアンビエント照明なら、雰囲気を損なわずに、

▲ ▼ **巧みにつなげて**
ワンルームコントロールシステムを使うことで、オープンプランスペースの各照明要素を「解き放ち」、リビングルームとキッチンにつながりを持たせています。2つの部屋の照明は、両スペースの間に視線を引きつけるようデザインされています。ライティングされたニッチがつくる「光のくぼみ」でキッチンをリビングルームのように照明し、キッチンとリビングに使われているアッパー/ダウンブラケットで両スペースの視覚的な連続感を高めています。

オープンプランのリビング | 197

▲ **光が重なるリビング**
さまざまな照明層を組み合わせることで、オープンプランの部屋に統一感が生まれ、優しいおもてなしの雰囲気に。ローボルトのリニア光源で明るく照らされた高い天井が、夕日のような温かい色に染まっています。このリニア照明は遮光板の影に潜ませているので、光源が両サイドの窓に映り込むことはありません。

極意

アイランドカウンターをキッチンとリビングエリアの間仕切りの代わりに使っている場合は、細身のペンダントをいくつかアイランドの上に吊り下げれば、調理に必要な明かりを確保しながら、2つのスペースを視覚的にさりげなく分けることができます。

オープンプランならではの広がり感を維持できるでしょう。

照明回路はいくつでも必要な数だけ取りつけましょう。とはいえ、ライトの数をむやみに増やせばいいというわけではありません。要は、使用する照明ごとにコントロールできればいいのです。これによってフレキシビリティが高まるので、ひとつのエリアの照明は明るく、別のエリアの照明は暗くしておくことが可能になります。

回路の数をなるべく少なくしたい時でも、各エリアに回路を少なくとも2つは取りつけてください。回路を3つにするとさらにフレキシビリティが高まります。キッチンエリアでは吊戸棚下のライト、頭上の実用的なライト、アイランドの上の装飾的なライトをそれぞれ回路分けします。リビングエリアではテーブルスタンドとフロアスタンドが主要回路になります。他にも、埋込型のアジャスタブルローボルトスポットライト、棚やニッチに組み込んだライトの回路を分けておきます。ダイニングエリアでは、テーブルの上に光を集めるライト、テーブルスタンドやブラケット、周辺のスポットライトに回路がそれぞれ必要になります。複数のエリアをつなぐ役目を果たすテーブルスタンドの専用回路は、おそらく特によく使われる回路になるでしょう。キッチンの吊戸棚下のライトをこの回路に組み込めば、とりわけ使用頻度が高くなります。

各エリアのフォーカルポイントも忘れずに回路設計してください。各エリアが他のエリアからどう見えるのかを考慮する必要があるので、フォーカルポイントは特に重要です。キッチンアイランドの上のペンダント、ソファーに面した絵画の照明、ダイニングテーブルの上の明かりなどは、部屋に入ると真っ先に目につくものです。

コントロールシステムの設置

各エリアで使用する照明要素が決まったら、調光法と調光器の設置場所を考えます。複数の照明回路を統合する小さなコントロールシステム (42-45ページ参照) を使用すれば、午前、午後、夕方、深夜の照明シーンをボタンひとつで切り替えられるのでお勧めです。

マニュアル式調光器を使用する場合は、設置位置を慎重に決めることがポイントになります。ダイニングのテーブルにいったん着いてから、またキッチンに戻って調光するのは面倒なものです。床から90cmの高さ——ドアの取っ手と同じ高さ——に取りつければ目線から外れるので、すっきりした印象になります

オープンプランの照明のコツ

- 照明を回路分けして、空間をフレキシブルに使えるようにします。
- かなり広いスペースには、小さなワンルームコントロールシステムの導入を検討しましょう。これなら照明シーンを手軽に設定できます。
- 各エリアのフォーカルポイントをチェックし、それに合わせて回路をデザインします。
- ランプの明かりは空間を「つなぐ」とても重要な要素なので、電源コンセントは十分な数を設置してください。
- 最も必要な場所にコントローラを取りつけましょう。

照明層の解説
照明層を重ねることで、多目的スペースを最も効率よく使用できます。

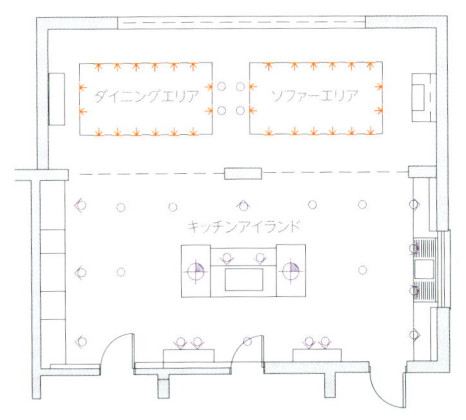

照明層1&2 天井埋込型ライトとペンダント、そして天窓に取りつけたライトの組み合わせ。

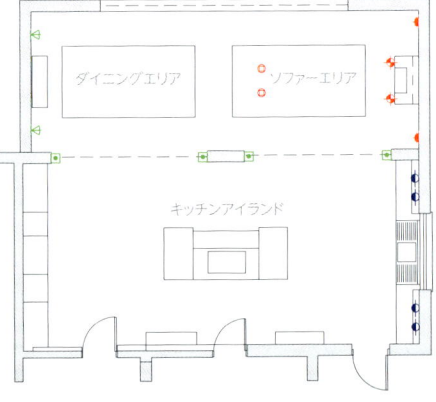

照明層3&4 LEDの棚下灯、アッパー/ダウンブラケット、床埋設型アッパーライト、スタンド用フロアコンセント、装飾的なブラケット。

▲ **エレガントな統一感**

このオープンプランリビングのライティングは、光を重ねる照明法の成功例。回路分けした照明をワンルームコントロールシステムで調光することで、機能的でありながらエレガントな多目的空間を実現しています。

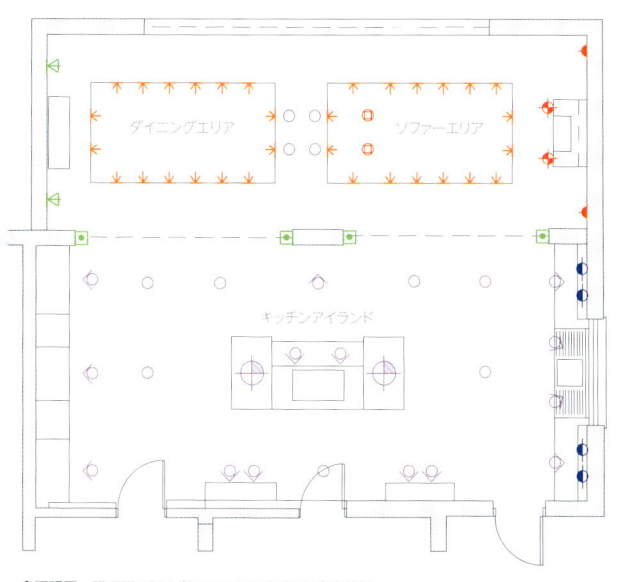

凡例	
⟲	12ボルトの天井埋込型アジャスタブルダウンライト
○	12ボルトの天井埋込型固定式ダウンライト
⤢	12ボルトの天井半埋込型アッパー/ダウンライト
◐	埋込型LED棚下灯
▣	12ボルトのアッパー/ダウンブラケット
✸	12ボルトの床埋設型アッパーライト
⊕	装飾的なペンダント
⋈	装飾的なブラケット
◀	壁のコンセント
⊙	フロアコンセント

全照明層　照明層の組み合わせによる重層的な光の効果。

子供部屋

プレイルームには、さわやかで溌剌とした機能的な明かりが欠かせません。活発な遊びには、照明をシンプルに重ねた明るい光を、読み聞かせなどの落ち着いた活動には、減光したおだやかな明かりを届けるようにします。照明器具やコンセントなどは幼い子供の手の届かないところに置く必要があるので、目に見える器具をどこに設置するかもポイントになります。

フロア上での活動やおもちゃ遊びをするプレイルームは、あらゆるものがよく見えるように明るくする必要があります。また、子供たちが集まりやすい温かみのある照明にしましょう。ライトをいくつ取りつけてもかまわない部屋は住まいの中にはほとんどありませんが、プレイルームでは、調光可能であればライトはいくつつけてもOKです。ローボルトダウンライトをフロアエリアの真上に数灯取りつけて、ダウンライトだけの専用回路をつくっておくと、むらのない均一な全般照明を部屋の中央に施せます。

ライトの埋込スペースが天井にない時は、ハロゲンランプか直管形蛍光灯、あるいはリニアLEDライトを収納ユニットの上に取りつけて、光を天井に反射させると、均一な明かりを空間に届けることができます。他にも、リニアハロゲン光源を使用したブラケットで照明する方法があります。

子供用タスクライト

年長の子供たちには読書やお絵かきや宿題をするための、明かりの行き届いたデスクスペースが必要です。デスク面には照明をあまり置かないほうがいいので、LEDの棚下灯か、壁付けのLEDフレキシブルライトでタスク照明を施します。LEDは熱を持ちにくいので、子供たちが使用する場所に取りつけるには安全な選択と

◀ **プリティ・イン・ピンク**
デスクスペースとベッドサイドテーブルを省エネタイプのハロゲンランプで照らして、子供部屋にぴったりの機能的な空間に。ピンクのギンガムチェックのシェードで、お部屋に可愛い明かりを添えて。

▲ **秘密基地**
ローボルトのリニアライトを遮光板で隠した階段下のエリア。収納スペースが、子供のお気に入りの遊び場に。キューブ型カラーボックスに施したニッチ照明が、さらに明るく楽しげな雰囲気をつくっています。

いえるでしょう。調光器をデスクのそばに置けば、デスクで作業している時も手軽に明るさを調整できます。

本棚の後ろか前にライトを設置して照明することで、読書タイムにぴったりの心地よい雰囲気が生まれます。壁付けのライトを床からおよそ130 cmの高さに設置して読書灯にすれば、ランプやコードで床が乱雑になることもありません。

プレイルームには明るい色が似合いますが、カラーライティングはあまり実用的とはいえないので注意しましょう。カラーライトをいくつかつないだものを壁に吊るしたり、カラーウォールライトを取りつけたりして、空間を楽しく個性的に演出するのがベストです。

子供部屋の照明のコツ

■ 子供の成長を見越した照明計画を立てて、コンセントの配置を設計します。

■ 少なくともひとつは全般照明専用の回路を設けます。

■ 作りつけの収納ユニットを設置する時は、ライトを内蔵しておくと便利です。

■ 棚にバックライティングか、フロントライティングを施して、読書灯を壁に取りつけると、心地よい読書コーナーに仕上がります。

■ 調光器をデスクのそばに置くようにすれば、タスクライトの明るさを手元で簡単に調整できます。

ホームオフィス

ホームオフィスや書斎で効率よく仕事をするには、作業に適した照明が不可欠です。まずは主な作業エリアにタスク照明が届くようデザインし、そこからプランを立てていきます。グレアフリーの間接光を取り入れて、コンピュータでの作業に最適な照明環境を実現しましょう。

タスクライトの種類を決める必要がありますが、その前にデスクの位置を検討します。壁から離れた場所にデスクを置く時は、コードがもつれて見苦しくならないようにフロアコンセントを取りつけましょう。レトロなアングルポイズ（角度自在）スタンドやモダンなLEDデスクランプなどは、テーブルスタンドよりもタスクライトに適しています（テーブルスタンドでは十分な明るさが得られません）。さらに頭上から全般照明を施す時は、デスクの上に影が落ちないよう設置位置に注意します。広角のランプ（ビーム角40度など）を選び、ハニカムルーバでグレアを防ぎます（67ページ参照）。

デスクの真上にある吊本棚の下にライトを取りつける方法もあります。ただし、コンピュータ画面の位置を必ず考慮して、グレアが生じたり、光が画面に映り込んだりしないよう注意してください。コンピュータでの作業が多い時は、壁付けのアッパーライトで均一な間接照明を施すのがお勧めです（これは天井高が2.4m以上ある場合に、床からおよそ2mの高さに取りつけるのがベストです）。作りつけの家具や独立した収納ユニットの上にハロゲンランプやLEDライト、蛍光ランプ

▶ **クールでミニマル**
絶妙な角度に調整されたタスクライトでデスク面にグレアのない光を提供。プランターの植物をカラー照明でライトアップすれば、バルコニーとひと続きになったような、広々とした落ち着きのあるワーキングスペースに。

▶ **計算された抑制**
直管形蛍光灯を棚下に取りつけ、フロストガラスで光を和らげて収納エリアを照明。2灯の背の高いテーブルスタンドが、コンピュータ画面に不快なグレアを生じさせることなく、タスクライトを届けています。

を設置しても、同様の効果が得られます。幹線電圧用光源で本棚やオープンユニットを照らせば、ぬくもりのある快適な作業空間になるでしょう。

　広い書斎や仕事部屋に読書用のソファーがある時は、シェードの大きなテーブルスタンドをソファーの両サイドに1灯ずつ配置します。あるいは、スリムなフロアスタンドなどを読書灯にして、必要な場所に明るいタスクライトを届ける方法もあります。

　キッチンの片隅にデスクやテーブルを置いて書斎代りにしている場合は、タスクライトを壁に取りつけて、空間をなるべく有効に活用しましょう。階段下のデスクエリアには光源が2つ必要です。遮光した直管形蛍光灯を階段裏の傾斜面に取りつけて、作業に最適なタスクライトを届けます。さらに、デスクエリア以外の空間が「遊び」モードになっている時も点けておける、少し見栄えのするライト（素敵なデスクランプなど）も必要

になるでしょう。このデスクランプは部屋の他のライトと同じ回路に組み込みます。いっぽうタスクライトは、使わない時は手元で消灯できるようにしておきます。

ホームオフィスの照明のコツ

- 予算の範囲で、用途に合う最高のタスクライトを購入しましょう。
- コンピュータでの作業がメインになる場合は、影のできにくい間接照明がベストです。
- 作りつけのオープン収納ユニットの内側に照明を取りつけたり、天井からユニットに光を当てたりして、棚の硬質なラインを和らげ、空間に質感と奥行きを与えます。
- 本を読む椅子かソファーの近くに読書灯を置くといいでしょう。

◀ 光だまり
壁付けのクラシカルなライトで、キッチンに設けられた書斎コーナーにくっきりと明るいタスクライトを届けています。

極意　兼用スペース

多くの住まいではスペースの都合上、他の目的に使われている部屋にデスクエリアが組み込まれていることがよくあります。そうした場合は、どちらの用途も満たすように照明も工夫しなければなりません。ここでは、光の層を重ねて多目的に使えるようにすることで、ドレッシングルームと書斎の兼用スペースを実現しています。

▶ 書斎スペース
棚板下にリニアライトを取りつけて、デスクエリアをすっきり照明。書物を浮かび上がらせる明かりが、素敵な夜のタスクライトに。

ホームオフィス | 205

1 クローゼットの上に隠したリニア照明で、デスクでの作業に適した均一なタスクライトと、着替えに必要な明かりを届けています。

隠しローボルトライトで部屋に反射光を提供。

2 天井に埋め込んだスポットライトでデスク面に作業用の明かりを届け、幹線電圧用リニアライトをアルコーブの棚下に取りつけて、デスクの左右も照明しています。

天井埋込型スポットライトでデスクに作業用の明かりを提供。

3 棚下灯だけ点けて、あとのライトは減光して、夜のリラックスタイムにぴったりの照明空間を実現しています。

棚下に取りつけた幹線電圧用リニアライトでおだやかな夜の明かりを演出。

ワインセラー

ワインセラーの照明は、貯蔵している大切なボトルをディスプレイするだけでなく、ラベルが読める実用性も備えている必要があります。ワインセラーには、独立した専用の部屋（この場合は雰囲気づくりが大切です）から、空きスペースに置いたガラスボックスまでさまざまなタイプがありますが、いずれの場合も印象的な照明が欠かせません。

　ワインセラーをうまく照明するには、空間のレイアウトと、棚にワインがどのように陳列されているかを把握しなければなりません。どれほど小さなワインセラーにも、フォーカルポイントと光の層が必要です。光と影のシャープなコントラストが、ワインセラーに不可欠なインパクトを生み出します。

　照明の温度には特に注意してください。クオリティの高いワインセラーの大半には温度調整機能がついていますから、LEDのような熱を持ちにくい光源を使うのがお勧めです。寿命の長い光源を必ず選び、メンテナンスしやすい場所に取りつけてください。背後からワインラックを照らす場合は、LEDや幹線電圧用リニアロープライト、あるいは光ファイバーを選ぶといいでしょう。

　地下にワインセラーがある時は、そこに通じる階段に実用的な照明を施して、安全に降りていけるようにします。また、地下に降りていくのが楽しくなるような雰囲気づくりも大切です。踏面を洗うように照らすステップウォッシャーの設置や、リニアライトを段鼻に組み込めるような階段の設計を検討しましょう。

　ワインセラーの照明には、小型のローボルトやLEDアッパーライトを埋め込んで、ラックの間を照らす方法もあります。ワインの貯蔵エリアが狭い時や、他のエリアとガラス壁で隔てられている時は、パースペクスのワインラックをリニアLEDで照らして、ケースの内側からほのかに輝く空間にすると素敵です。独立したワインセラーでラックの構造上可能であれば、ワインラックの上にリニア光源を取りつけて、天井をライトアップしてもいいでしょう。このテクニックは、樽型ヴォールト天井に特に効果的です。ニッチをいくつか取りつけて空

ショータイム
人目を引くワインセラー。天井に埋め込んだスポットライトが木製ワインボックスをシャープに照らしているので、探しているワインがすぐに見つかります。扉の前の2灯のランプでおだやかな雰囲気をつくり、視線をさらに奥へと誘導。

老練なテクニック
巧みに配されたローボルトスポットライトで、ラックに並んだボトルを照明。古びた趣のあるワインセラーの壁や天井を浮かび上がらせています。

間に奥行きを与え、規則正しく陳列されたワインボトルとのコントラストを楽しむこともできます。

ワインセラーで一定の時間を過ごす——ワインの試飲会を催すなど——ようにデザインされている場合は、テーブルまわりをきちんと照明しなければなりません。装飾的なペンダントを吊り下げると、優雅な雰囲気が生まれます。錬鉄のデザインなら煉瓦造りのヴォールトにぴったりです。ブラケットを適切な高さに取りつければ、さらに雰囲気が高まります。

他の部屋からワインセラーが見える時は、その部屋からもワインセラーの照明を点灯できるようマニュアル式調光器の設置位置を検討しましょう。

ワインセラーの照明のコツ

- 来客をワインセラーに案内する予定なら、劇場のようにドラマティックな照明を施します。
- 光と影のシャープなコントラストは、煉瓦とガラスの空間によく映えます。
- 余分な熱でワインの品質を損ねないよう、熱を持ちにくい光源を必ず選んでください。
- ワインの貯蔵庫が他の部屋から見える場合は、照明層のコントロールがとりわけ重要です。
- ワインのラベルを読み取るための専用の照明層を設置します。この照明層は他の照明と回路を分けて、調光できるようにしておきます。

極意　ユーティリティルーム

ユーティリティルームには、色を識別したり、アイロンがけなどの家事をしたりするための実用的な明かりを十分に届けなくてはなりません。自然光が差し込まない場合は特に明かりが必要です。

エネルギー消費にはつねに注意して設計する必要がありますが、おそらくユーティリティルームほど、省エネ照明の原則を実践しやすい部屋はないでしょう。昼白色や温白色の良質な蛍光灯は、ユーティリティルームにぴったりの、経済的で実用的な照明です。この部屋は機能的なスペースなので、均一な全般照明を施す必要があります。これには壁付けのアッパー／ダウンライトがお勧めです。スペースが限られていて、収納ユニットで壁が埋め尽くされている時は、昼白色の蛍光灯をユニットの上に取りつける方法もあります。こうした照明は洗濯物を収納する際に、色が見分けやすくて便利です。

キャビネット下に省エネタイプのタスクライトを取りつければ、どんな作業面にも実用的な明かりを届けることができます。この方法は、壁にライトを取りつけるスペースがない時は特に有効です。壁付けのキャビネットの下面に照明器具を設置する場合は、遮光板を取りつけて光源を隠し、グレアのないタスクライトを提供します。

ドライラックを天井から吊り下げて、洗濯物を乾かす場合は、このエリアの真上に光源を取りつけないようにしてください。そこに光源を取りつけると、洗濯物を掛けた時にライトがブロックされますし、ライトの熱で火事になる危険もあります。作りつけの収納ユニットをスポットライトで洗うように照らし、その反射光で照明するといいでしょう。

スペースに余裕がある時は、メインの作業エリアやシンクのまわりに、センスのいい機能的なウォールライトを取りつけて、趣のあるソフトな雰囲気を添えてみましょう。もちろん調光できるほうが便利ですが、一般的にユーティリティルームでは、スイッチをオン／オフするだけのシンプル設計のほうが実用的です。

ホームシアター

主に映画やテレビを観るための部屋は、ライトの大半を消した時にも、どこかドラマ性が感じられるデザインでなければなりません。とはいえ、画面上のアクションに対抗するほど強い照明効果では意味がないので、光の層をさりげなく重ねて、それを調整できるようにすることがポイントです。

時間帯に応じてプレイルームやリビングルームとしても使う場合は別ですが、一般的にホームシアターには全般照明は不要なので、ホームシアター専用の部屋には間接照明を施すようにします。メインスクリーン付近には照明は置かないでください。折り上げ天井（108-113ページ参照）なら天井を高く見せる効果もありますし、幹線電圧用ロープライトなどの暖色系の光源を潜ませれば、バックグラウンド照明としてほのかな明かりを添えられます。

折り上げ天井を設置できない場合は、光ファイバーで星空効果を演出する手もあります。このテクニック

▲ ゆったりとくつろいで
メディア収納ユニットの上下に差し込んだ幹線電圧用リニアライトが、落ち着いた雰囲気のバックグランド照明に。暖炉の下まで続く光のラインが、部屋を横長に見せています。

▶ 映画のマジック
埋め込み収納ユニットを温かみのある光で背後から照らす230ボルトのリニアライト。映画鑑賞に最適なアンビエントライトを届けています。

ホームシアター | 209

は、大小さまざまな光ファイバーを恒星や惑星に見立てて、太陽系を模してみると効果抜群です。

リニアライティング

華やかでレトロな表情を空間に添えるアールデコ様式にしたい時は、「フィンスタイル」の壁にリニア光源を潜ませます。これで映画鑑賞に最適なバックグラウンド照明になるでしょう。床が傾斜しているか、階段状になっている場合は、壁にローボルトのフロアウォッシャーを埋め込むと、足元灯を兼ねたソフトなバックグラウンド照明を施せます。階段の段鼻下に照度の低いリニアライトを取りつける方法もあります。コーヒー

照明オプション
スクリーンを取り囲むウォールユニット。さまざまな照明オプションを組み込むことで、多機能空間での活動に対応。スクリーンまわりの照明を落とせば、映画やテレビの鑑賞にぴったりの雰囲気に。

プレイルームからホームシアターへ

1 地下のホームシアター。天井に埋め込んだスポットライトで明るく照らせば、昼間は楽しく機能的なプレイルームに。プレイルームには、照明の行き届いたフロアスペースが欠かせません。壁際のスポットライト（中央のスポットライトと回路を分けてあります）でアートワークを照らして、空間のアクセントに。

2 コントロールシステムを使えば、ボタンひとつで部屋のイメージを変えることができます。頭上の照明を落として、ニッチ（本棚）の隠し照明を点けると、黄昏のような印象に。

テーブルやアクセントテーブルの下にリニアライトを設置して「浮遊感」を演出しても素敵です。

ホームシアターが他の用途でも使われる場合は、スクリーンを使用していない時にその部屋がどう見えるのかをイメージしてください。スクリーンが巻き上がっている状態の時は、空間に強いフォーカルポイントが必要になります。たとえば、大きな絵画に光を当ててフォーカルポイントにすることができます。この場合、スクリーンが降りた時には、絵画を照らしていたライトを消灯できるよう、他の照明と回路を分けておくといいでしょう。壁付けのフラットスクリーンテレビの場合でも、テレビをつけていない時は、他のフォーカルポイントに照明を当てて、空間に視覚的なアクセントをつくるようにします。

照明の回路設計は重要です。奮発してホームシアター専用のスペースをつくる場合は、コントロールシス

ホームシアター | 211

3 点灯する照明層をさらに減らしていくと、映画が始まる前の雰囲気に。中央のスポットライトは照明シーンから外して、減光した壁際のスポットライトだけで照明を施しています。

4 スクリーンが降りたホームシアター。スクリーンとのコントラストを強めるために、照明をさらに落として。本棚とアートワークのライティングでバックグラウンド照明をさりげなく施すことで、スクリーンの映像に集中できるようにしています。

テム（42-45ページ参照）が不可欠です。ボタンひとつでムードを変えられる小さなワンルームコントロールシステムか、手のひらサイズのリモコンがついた、より高度なシステムを取りつけましょう。

ホームシアターの照明のコツ

■ （特別な効果に使う以外は）頭上からの照明はすべて消して、間接照明に。

■ スクリーンのまわりには直接照明は使わないようにします。

■ 光ファイバーでカラーライティングを施してドラマティックな演出を楽しみましょう。

■ ホームシアターの照明をどのようにコントロールしたいのかをあらかじめ考えておきます。照明デザイナーやホームシアターの専門家に相談して、イメージ通りの照明空間を実現しましょう。

化粧室

化粧室は住まいで最も小さな部屋であることが多く、つい見過ごされがちです。使用頻度の高い場所だと思うので、鏡に映った顔が美しく見えるように照明すれば、ゲストの印象に残る空間になるでしょう。

　まずは洗面ユニット——特に鏡——のライティングから始めます。可能であれば、ローボルトスポットライトを適切な位置に埋め込んで、頭上から照明しましょう。洗面ユニットの端の真上にスポットライトを1灯、あるいは2灯（2灯の場合は60-80㎝間隔を開けて）取りつけ、鏡に光をいったん当てて、その反射光で顔面を照らすようにしてください。さらに鏡の両サイド（床からおよそ152㎝の高さ）にブラケットを設置して、左右からの光で顔のしわをソフトにぼかして、肌のトーンが美しく見えるようにします。

バック照明

　よりコンパクトな空間をさりげなく照明したい時は、はめ込みスペースを鏡の背後につくってバック照明を施すといいでしょう。おだやかな拡散光を発するリニア光源をはめ込みスペースに設置して、その上に鏡を取りつけ、鏡を背後から照らすようにします。この時、はめ込みスペースの端から3㎝以上離して鏡を取りつければ、鏡が宙に浮いているように演出できます。

　ミラー付きキャビネットに内蔵された蛍光灯は、灰色がかったフラットな光を出すので、一般的に肌の色を悪く見せてしまいます。ライトが鏡の上に組み込まれている場合も、鏡ばかりに光が当たるので、顔面が美しく照明されません。

　洗面ユニットを使って、空間を明るくする方法もあります。カウンタートップの下に適切なリニア光源を取りつければ浮遊感が生まれますし、優しくほのかな明かりが床に届くので、床面からの照り返しもありません。た

▲ **くっきりした上昇ライン**

小さいけれど大切な空間を心地よい印象にするには、適切なライティングがポイントになります。ここでは、均整のとれた2灯のブラケットが素晴らしい顔面照明として機能しつつ、シンメトリーの力強い縦のラインを生み出しています。洗面ユニットの下に潜ませたLEDリニアライトでこの縦のラインを和らげて、浮遊感も演出。

▶ **板張りにハイライトを**

目線の少し上に取りつけた2灯のバスルームライトで、左右から顔面を美しく照明しています。傾斜天井に光を反射させて空間に広がりを持たせつつ、ソフトな拡散光で居心地のいい雰囲気に。

化粧室 | 213

◀ **完璧な構成**
ローボルトの棚下灯で洗面台のオブジェにスポットライトを当てば、デッドスペースだったコーナーに奥行きと質感が与えられ、ポリッシュクロームの蛇口も華やかにきらめきます。真上に埋め込んだダウンライトで、カウンタートップの手洗いボウルも明るく照明。

だし床に光沢があると、電球がどれほど小さくても光を反射するので、浮遊感の演出が損なわれてしまいます。床面積と不釣り合いなほど天井が高い化粧室の場合、ペンダントを吊り下げれば、天井を低く見せることができますし、フォーカルポイントも生まれます。化粧室が狭い時は、ニッチ（特にトイレの背後のニッチ）を照明して、空間をなるべく広く見せるようにしましょう。

化粧室の照明のコツ

■ 顔面に最高のライティングを施すことに注力します。化粧室では、顔面を実用的に照らすよりも、美しく照らすほうがはるかに重要です。

■ 鏡の両サイドからのライティングにブラケットを使う方法もありますが、天井から2灯のペンダントを吊り下げると、空間に華やかさが加わります。

■ トイレからの眺めやトイレの後ろの壁についても考慮します。ニッチを照明して、フォーカルポイントをつくりましょう。

■ 自動調光機能のついた照明にすれば、かなり狭い化粧室でも使い勝手がアップします。

寝室

寝室の照明は、静かで落ち着いた雰囲気にすることが大切です。グレアのないおだやかな明かりを提供しつつ、実用的な活動にも対応できるようにします。また、独立したドレッシングルームには十分な明るさが必要です。特に鏡の照明には気を配るようにしましょう。

ベッドルームには大量の光は必要ありません。メインとなる天井からの明かりは間接照明にします。夜にカーテンを閉めると、窓まわりに薄暗いデッドスペースができてしまいますが、ローボルトライトで壁やウィンドートリートメントを光で洗うように照らせば、面白味のなかったファブリックの一画が浮かび上がり、そこにフォーカルポイントが生まれます。天井の照明回路は調光できるようにしておきます。間接照明と全般照明（部屋の中央に光を届ける照明）の回路を分けておけば、全般照明が不要な時はその部分だけ切っておけます。天井の高さに満たない家具があれば、その上にリニア光源を取りつけて間接照明を施す方法もあります。

ベッドサイドの明かり

ベッドサイドのスタンドは――特にスタンドだけで部屋を照明する場合は――大きめのものを選びましょう。大きなスタンドのほうが良い読書灯になりますし、寝室ではテーブルスタンドは使用頻度の高い光源なので、

寝室 | 215

▲ **甘美なミニマリズム**
壁に組み込んだ白熱ランプのウォールライトがベッドルームにおだやかな間接光を放っています。ヘッドボードの後ろの壁に取りつけた温白色の蛍光ランプで、心が落ち着く安らかな印象に。ダブルベッドの2人の使用者がそれぞれ読書灯を使えるようLEDライトを両サイドの壁に設置。このライトは触れても熱くなく、手元での調光も可能です。

◀ **全体像**
ヘッドボードを縁取る背の高い2灯のテーブルスタンドが、トラディショナルなスタイルの読書灯に。天井にさりげなく埋め込んだアジャスタブルスポットライトで壁を洗うように照らし、空間を広く見せています。ベイウィンドーの上のダウンライトでカーテンドレープを明るく照らせば、夜に窓際が「デッドスペース」になることもありません。

空間全体の明るさもアップします。

　読書用によりダイレクトな光源を好む人もいるので、いくつかのオプションを紹介します。天井に2灯のスポットライトを埋め込んで、読書灯を追加することも可能ですが、この場合は設置位置を慎重に決めましょう。ベッドの大きさと高さ、そしてベッドで眠る人の座高を計算に入れながらポジショニングしてください。そうしなければ読書に適した明かりよりも、影ばかりができてしまうかもしれません。

　他にも、フレキシブルなベッドサイドの読書灯（126ページ参照）など、ベッドの近くに光源を取りつける方法があります。LED光源なら触れても熱くないので（素肌に触れやすい場所に光源を取りつける際の重要なポイントです）最上の選択といえるでしょう。手元での調光が可能で、なおかつ隣で寝ている人の邪魔にならないよう、狭角の光で本の紙面をピンポイントに照らすデザインのものであれば、この種の光源がベストです。トラディショナルなスタイルのほうが好みであれば、壁付けのス

住まいの中で

イングアームライト(126ページ参照)もお勧めです。

　天井から吊り下げるベッドサイド灯なら、スタイルによって空間に華やかさを添えたり、レトロ感を演出したりすることも可能です。吊り下げ式のライトは読書灯としてはベストとはいえませんが、寝室がスタイリッシュな印象になりますし、ベッドサイドに物を置かずに済むので、空間がすっきりします。ベッドサイド灯のコントロールは重要なポイントなので、最初から考慮しておきましょう。特に、ベッドの両サイドで明かりを別々にコントロールする場合は、しっかりプランを練ってください。ひとつの案としては、ベッドサイド灯のスイッチをドアの近くに取りつけて、読書灯はベッドで本を読む人たちがそれぞれの手元でコントロールできるようにする方法があります。

　低位置のライトは寝室のリラックスムードを高めてくれますし、必要に応じて常夜灯にも使えます。LEDかローボルトのフロアウォッシャーを壁やビルトインクローゼットのキックプレートに取りつけてもいいでしょう。コンパクトなリニアLED光源なら、クローゼットの薄暗い隙間にも簡単に組み込めるので便利です。こうした低位置のライトは、ベッドに横になった時に光源が見えないように取りつけてください。また、夜中にトイレに起きた時に足元が明るくなるようにポジショニングすることも大切です。

　天井が高い場合は、装飾的なペンダントを吊り下げると、優美なフォーカルポイントが生まれます。切妻天井をライトアップして建築構造を浮かび上がらせつつ、全般照明の明るさを補う方法もあります。こうしたライトは他の照明と必ず回路を分けてください。

　ドレッシングテーブル(化粧台)の照明についても忘

極意　ドレッシングルーム

衣裳部屋は、選んでいる服の色が識別できるように照明を施さなければなりません。バッフルが深いアジャスタブルローボルトスポットライトを天井に埋め込んで、クローゼットのドアを洗うように照明すれば、空間が広く見えるうえに、ドアを開けた時にクローゼットの中が明るく照らされます。

　クローゼットの中にライトを取りつける方法もあります。その場合、ドアの開閉に合わせてライトがオン/オフするスイッチを設置するといいでしょう。昼白色の蛍光灯なら服の色が見分けられますし、発熱量が少ないので衣服を傷めることもありません。

　衣裳スペースでは、鏡の位置にも留意しましょう。スペースに余裕がある時は、長い鏡の両サイドにウォールライトを1灯ずつ取りつければ、鏡に映った姿が美しく照明されます。「化粧室」の項で紹介したバック照明を施す方法もあります。この照明法と、天井に埋め込んだアジャスタブルスポットライトを組み合わせれば、おだやかなアンビエントライトが生まれます。

シックでシンプル
天井のダウンライトからの機能的な光に照らされたシンプルなドレッシングルーム。ダウンライト器具の四角いフォルムが、現代的なスタイルの空間にマッチしています。

れずに検討しましょう。テーブルに十分な広さがあれば、そこに2灯のスタンドを置いて、適切な位置に取りつけた天井灯と組み合わせると効果的です。作りつけのクローゼットに組み込まれた小さな化粧スペースがあれば、そこにも照明を施しておきます。

ベッドルームの照明のコツ

- ベッドサイドテーブルには、自分がちょうど良いと思うよりも大きめのスタンドを置きましょう。
- さまざまな用事や作業に適した明るさを提供するようにします。
- 夜中にトイレに行く時のために常夜灯を1、2灯取りつけるといいでしょう。
- 必要であれば、ベッドの両サイドのスタンドを別々にコントロールできるよう回路の配置を考えます。
- クローゼットの中に照明を取りつけてください。これはインテリアがダークウッドの際には特に重要です。

目に優しく

寝室にマニュアル式調光器かコントロールシステムを導入すれば、心を癒す優しい雰囲気を簡単につくることができるので、日中の実用的な衣装部屋モードから深夜の読書モードへと効果的に切り替えられます。

1 天井に埋め込んだアジャスタブルミニスポットライトで実用的な反射光を提供。クローゼットドアの取っ手のディテールも引き立てています。

2 スペースが狭い時は、スイングアーム式読書灯をベッドサイドの壁に取りつければ、実用的な明かりを届けつつ、空間に温かい表情を添えることができます。

3 頭上のスポットライトを減光し、壁付けの読書灯をメインの照明にすることで、空間がさらにリラックスした印象に。ベッドサイドに調光プレートを取りつければ、必要に応じて照明のムードを手軽に変えられます。

4 頭上のライトを消して、壁のライトを減光すれば、簡単に深夜の雰囲気に。

バスルーム

バスルームの照明は、リビングエリアの照明をデザインする時と同じように設計します。そうすることで実用的でありながら落ち着きのある空間に仕上がるでしょう。光を反射する鏡やガラス、大理石やタイルの硬質な表面を和らげるような照明にするのがポイントです。

むらのない実用的な明かりが求められるエリアでは、頭上からのライティングが重要です。これはバスルームも例外ではありません。キッチンのカウンタートップの照明と同様に、バスルームでもアジャスタブルライトを天井に埋め込む時は、洗面ユニットの端のラインの真上にライトを取りつけます。この時、洗面ユニット端の中央真上に1灯を設置するか、あるいは顔面で光が交差するように2灯を取りつけましょう。鏡を照明する時も慎重におこないます (118-123ページ参照)。

シャワー室は、壁際の天井にダウンライトをつけて、奥の壁を光で洗うように照らすことで、効果的に照明できます。視線は空間の中で最も明るい箇所につねに引きつけられるので、バスルームに広がりを持たせるにはこの方法が一番です。タイルや大理石の色彩と質感をダウンライトで引き立てながら、光を反射させましょう。

琥珀色の輝き

洗面ユニットの下に組み込んだLEDリニアライトで、重量感のあるユニットを軽やかな印象に。前景のニッチにバック照明を施して、明かりのバランスをとっています。頭上に埋め込んだスポットライトで顔面にも明るい光を。

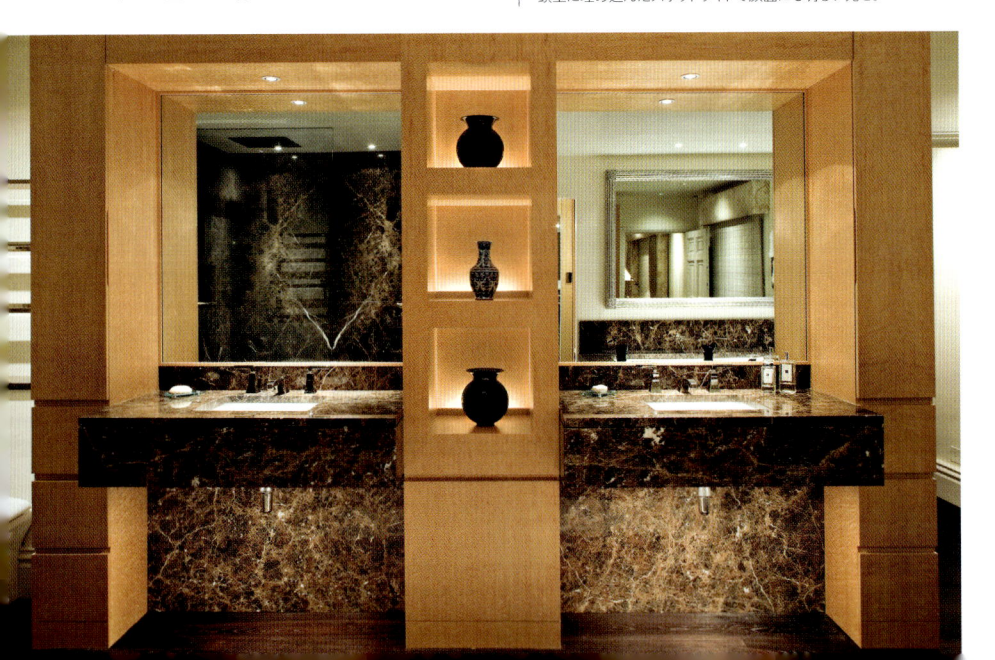

バスルーム | 219

▲ **ラグジュアリーなライン**
最適な高さに取りつけた顔面照明用のシンプルなウォールライト。ダウンライトを施したエレガントな縦長ニッチが、空間に華やかなアクセントと奥行きを与えつつ、シャワー室の便利な棚としても機能しています。

▶ **シンプルなきらめき**
バスルームの大きな鏡を縁取る、装飾性の高い2灯の優美なウォールライト。スポットライトを天井に埋め込んで、シンクの上の照度をアップ。シャワー室では、ダウンライトを施したニッチが視線を奥へと引きつけています。

シャワー室では天井の中央からライトを照らすのは禁物です。美観が損なわれるうえに、シャワー室が「明かりの灯った箱」のように見えて、狭い印象になります。

触れても熱くないLEDアッパーライトを浴槽のまわりに埋め込んで、バスルームに彩りを添えましょう。もしも豪華な足付きの大型バスタブがあれば、その下に照明を取りつけて浮遊感を演出することもできます。壁の低い位置にソフトな明かりを組み込んだり、洗面台とバスタブの下にリニア光源を取りつけたり（光を反射しやすい床面には注意が必要です）して、バスタイムにぴったりの優しい明かりを届けましょう。

シャワー室に細長いニッチを設けてそこにダウンライトを施すことで、ドラマティックなフォーカルポイントが生まれます。さらに洗面用具を置く棚としてニッチを使うこともできます。また、このように照明することで、バスルームの他のエリアを低位置のライトで照らした時にシャワー室だけが暗い穴のように見えるのを防ぐことができます。

バスルームにはカラーライティングがとても効果的です。特に成功しやすいのは、RGB（レッド、グリーン、ブルー）ライトと呼ばれるカラーリニアLEDをパースペクスやガラスの片持ち棚の背後に取りつける方法や、

▲ **際立つライン**
バック照明を施した鏡が光をソフトに拡散して、肌の色を美しく映し出してくれます。減光すれば、ダウンライトをつけたニッチが便利な常夜灯に。

バスルーム

◀ ▼ さりげなくぼかして
頭上から美しく照明されたバスルームのドレッシングテーブル。透明な間仕切りガラスがボタンひとつですりガラスに変わるので、シャワーの使用中はほのかな明かりしか見えません。

◀ おだやかな静けさ
屋根裏のバスルーム。触れても熱くないLEDアッパーライトが、非日常的な建築空間を浮かび上がらせています。シャワー室の天井と低位置に取りつけた明かりが、フロストガラスのスクリーンをやわらかく透過して拡散しています。

ソフトな拡散光でパネルを背後から照らす方法です。ブルーは気持ちを鎮め、淡いグリーンは気分をゆったりと落ち着かせてくれます。イエローは空間を明るく盛り上げ、レッドは心地よい雰囲気を生み出します。このタイプの照明は原色から中間色に切り替えたり、色調や明暗を調整したりすることができます。

バスルームの照明のコツ

- シャワー室では天井からの直接照明は厳禁です。
- 鏡の効果的な照明法を可能なかぎり実践しましょう。
- バスルームでは、回路を少なくとも２つは——ひとつは実用的な明かりに、もうひとつは常夜灯かバスタイムのくつろぎの明かりに——必ず使うようにしましょう。
- タイルや鏡張りのニッチにライトを埋め込む場合は、ベゼル（外縁）の仕上げがクロームかステンレス、あるいはブロンズの器具を使うのがお勧めです。このほうがホワイト仕上げよりもしっくりと馴染みます。
- 光ファイバーやLEDのカラーライティングで空間をドラマティックに演出して、ムードを高めましょう。

極意　安全性

バスルームで使用する電灯は、防水・防塵仕様のものでなければなりません。照明を設置する際は、器具がバスルームでの使用に対応する安全基準を満たしているかどうかを必ずチェックしてください。安全のために特に重要なのが、有資格の専門業者に依頼することです。また照明デザイナーなら、ベストな効果を引き出す光源の選び方を知っているので、彼らに相談するのも有益です。

照明層の解説

天井からの実用的な照明、鏡専用の照明、ニッチの照明、低位置からの照明——これらを組み合わせて、さまざまな用途に対応できるようにしています。

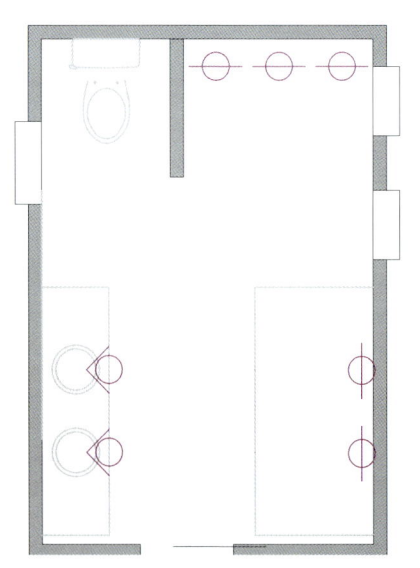

照明層1&2
天井埋込型のアジャスタブルダウンライトと固定式ダウンライト

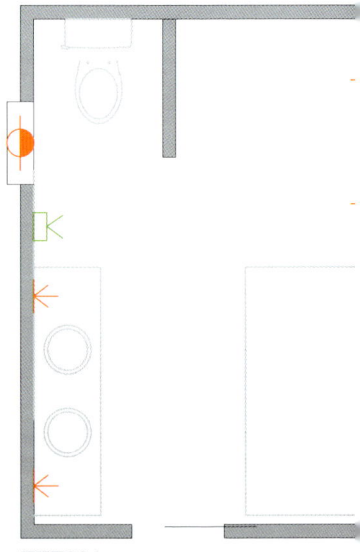

照明層3&4
ニッチの照明と低位置に取りつけたLED照明。ローボルトライトで鏡を照明。

折り重なるテクスチャー

別々の回路に組み込まれたさまざまな照明層で、奥行きと質感のあるバスルームに。シャワー室のウォールウォッシャーで視線を空間の奥へと誘導しつつ、タイルの色と質感を浮かび上がらせています。鏡に取りつけた調光可能なLEDミニスポットライトで、均一な光を顔面に届けて、肌の色を美しく照明。

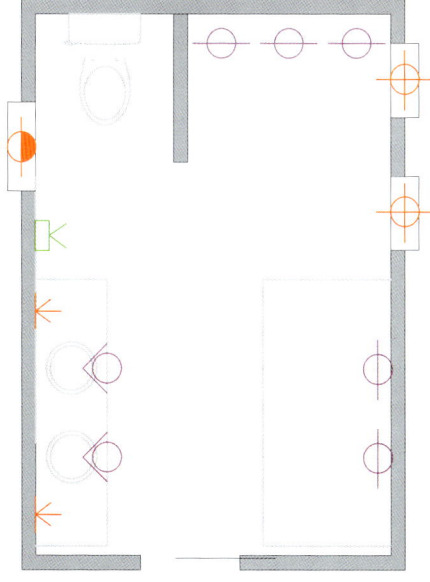

照明層5 全照明層。

凡例

- 12ボルトの天井埋込型 アジャスタブルダウンライト
- 12ボルトの天井埋込型 固定式ダウンライト
- 防水LEDダウンライト
- 12ボルトの ミニスポットライト
- キャビネット下に 埋め込んだLEDライト
- LEDフロアウォッシャー

ホームジム

住まいのスポーツジムは実用的な明かりで満たす必要があります。とはいえ、誰しもスポットライトのまぶしい光を浴びながら運動したくはないものです。ポイントはシンプルにまとめること。光源はすべて調光可能な間接光にして、活力がみなぎると同時に心安らぐ空間をつくっていきます。

一般的にジムの照明は、自分で思うよりも少ないライトで十分です。犯しがちな間違いはいろいろありますが、特に避けたいのが、天井をダウンライトだらけにすることです。床でワークアウト(練習)をしていて、天井を見上げるたびに光源のグレアが目につくのは、実に不快なものです。光は必ず拡散させましょう。鏡がたくさんついている場合は、反射角をフルに活用してグレアを抑えるようにします。暖色系の光源を使って、冷たくよそよそしい印象にならないようにしましょう。

活気と雰囲気

実用的な照明を施すには、折り上げ天井か吊り下げ天井のくぼみに温白色の蛍光灯を少し重ねながら配置し、均一な反射光をつくる方法があります。蛍光灯の代わりに、冷陰極管かリニアLEDライトをくぼみに隠して、同様の効果を得ることもできます。ヨガなどのゆったりとしたエクササイズにふさわしい優しくおだやかな雰囲気にしたい時は、ぬくもりのある光色の幹線電圧用ロープライトを折り上げ天井の外縁に沿って取りつけます。照明はそれぞれ回路分けをして、フレキシビリティを最大限に高めましょう。

◀ **フィジカルな機能美**
グレアのない間接光をワークアウトゾーンに届ける壁付けのアッパーライト。調光可能なので、照明を落とせばフロアエクササイズにぴったりのリラックスできる雰囲気に。

ホームジム | 225

▲ **クールカラー**
色が変わるライトを吊り天井に潜ませて、クールで現代的な雰囲気に。ブルーのライトで空間にエネルギッシュな表情を与え、天井にすっきりと埋め込まれた長方形のダウンライトで、最新のトレーニングマシーンを際立たせています。

天井から全般照明を施す場合は、壁際の天井に連続配灯したダウンライトをウォールウォッシャーとして使うのがお勧めです。フロアエクササイズ（ヨガやピラティスなど）のエリアの上には、ダウンライトはつけないでください。天井が高く、光を効果的に反射させるスペースが十分にある場合は、アッパーブラケットを使う方法もありますが、ブラケット器具がトレーニングの邪魔にならないよう注意しましょう。ジムが広い場合以外は、他のウォールライトも同じ理由から避けたほうが無難です。人や物がぶつかることもあるので、照明器具は衝撃に強いものを選んでください。

ホームジムの照明のコツ

■ 間接照明を使いましょう。

■ 運動の種類に応じて照明の使い分けができるように、明るさの異なるライトを取りつけます。

■ グレアが生じないように、鏡を適切な位置に設置します。

■ ワークアウト（練習）ゾーンには照明器具を置かないでください。

■ カラーライティングで、空間に表情と雰囲気と遊び心を加えましょう。

スイミングプール

屋内・屋外のどちらであっても、スイミングプールは基本的に運動とリラクゼーションの場です。ただし、照明しだいで素敵なパーティースペースに使うことも可能です。機能性の重視がプールの照明のポイントですが、照明プランを入念に立てることで、ドラマティックな背景幕に包まれたおもてなしの空間に変えることができます。

まずはプール自体の照明法を考え、それを照明プランのベースにして周辺エリアへと移っていきます。プールを安全に使うには、十分な照明が欠かせません。必要な光の量は、プールの大きさと形で決まります。照明は計画的に配置しましょう。プールの前後の端にライトを置くと、使用者がコースを往復して泳ぐ時にグレアを感じるかもしれません。プールのサイドからさっと照らして光を横断させるようにすると、より落ち着いた照明になるでしょう。

光源の種類

一般的にプールの照明にはローボルトライトがよく使われますが、最近ではメンテナンスがしやすく、バラエティ豊かな光ファイバーやLEDを使って、よりドラマティックな効果を生み出せるようになりました。たとえば、リニア型側面発光光ファイバー（ソフトに光る細長いライト）をプールの底に設置して、コースを仕切る方法もあります。

タイルの色

タイルの色も考慮しましょう。オーソドックスなブルーのタイルや淡い色合いのタイル、質感のあるものやメタリックなタイルを組み合わせたモザイクタイルなどは、照明しやすいタイプといえます。いっぽうダークな色合いのタイルの照明には、より多くの光が必要になります。たとえば、ダークグリーンやダークグレー、あるいは黒いタイルのプールなどは明るい太陽光には映えますが、夜には濁った沼のように見えてしまうので、ライトを適切な位置に取りつけて光を十分に当てる必要があります。

プールサイド

明るさを十分確保して、プールサイドがよく見えるようにします。ローボルトのライトを天井にいくつも埋め込むのではなく、光を重ねてプールサイドを効果的に照らしましょう。最大のインパクトはシンプルな演出から生まれます。たとえば、ローボルトのアッパー/ダウンブラケットを天井と床の中間の高さにいくつも取りつけ、狭角と広角の電球を組み合わせて、光と影が壁面で戯れるドラマティックな演出を施すこともできます。

LEDアッパーライトをプールの周囲に埋め込んで壁を照らし上げても、同様の効果が得られます。光ファイバーのカラーライトを同じように床に取りつけて、色を変えながら白壁や質感のある壁をライトアップすれば、

◀ インダストリアル・タッチ
スイミングプールの照明が、壁や床の自然な風合いを際立たせ、倉庫のような建物のディテールを浮かび上がらせています。プール奥の大きなニッチに光ファイバーのダウンライトとアッパーライトを埋め込んで、力強いフォーカルポイントに。

▲ 静謐な空間
光を重ねる照明法で空間のボリューム感を損なうことなく、建物の硬質なラインをソフトな印象に。意外な場所に吊り下げたペンダントが静謐な雰囲気を添えています。

息をのむほど美しい光のショーが楽しめます。プールや、隣接するスパの上に、光ファイバーのピンスポットライトを散りばめれば、夜の水泳タイムにぴったりのロマンティックな星空効果が生まれます。

実用性

プールエリアには、濡れた場所での使用に適した照明器具を必ず用います。また、器具の仕上げも考慮しましょう。こうした環境で最も長持ちするのが、ステンレススチールと電解仕上げです。ライトボックスやリモコントランスやドライバの位置もメンテナンスのしやすさを考慮しながら、あらかじめ決めておきます。コントロールシステムを導入するのでないならば、標準タイプのスイッチをプールエリアの外につける必要がありますが、この場合、コントロールしているライトが見える位置にスイッチを取りつけましょう。

プールの照明のコツ

■ 安全のためには十分な明かりが必要ですが、プールの中は照らしすぎないようにしてください。

■ プールの内壁の色に注意します。黒いプールは照明が難しく、暗くて不気味な雰囲気になることも。

■ 水辺での使用に適した照明器具とフィニッシュを使いましょう。素足で歩く床面にライトを取りつける場合は、発熱量の多い照明器具は使用しないでください。

■ 建築のディテールを照らして、空間にドラマティックな演出を加えましょう。

■ プールが屋外にある場合や、屋内プールの窓から庭やデッキが見える場合は、エクステリアを照明して、視線を外に誘導します。

■ メンテナンスは重要です。手の届かない場所に照明器具を置かないようにします。

▼ 水面に映る輝き

プールを取り巻くように連続的に配されたスロット。ダウンライトを施すだけで、空間に質感と奥行きが与えられ、細長くくり抜かれた光の揺らめきが水面にくっきりと映し出されます。ソファーの後ろの壁付けアッパー／ダウンライトが光の中間層を生み出し、奥の壁のスロットとのバランスを取っています。

◀ アッパーライト

メンテナンスのしやすいLEDアッパーライトを加えたプール空間。しみひとつない漆喰の壁を撫でるように照らし上げ、明るいけれどまぶしくない反射光を生み出しています。

▲ 魅惑の効果
屋外プールの照明はミニマルなデザインがベスト。プールを明かりで縁取り、植栽とデッキの照明でアクセントをつけています。これだけでうっとりするほど美しく繊細な効果に。

▶ くっきりしたライン
壁をくり抜いたスロットから見えるライトアップされた植栽が、視線を外の庭へと誘導しています。水中の適切な位置にライトを取りつけることで、プールを広く見せる効果も。

コンサバトリー（ガーデンルーム）

コンサバトリー（ガーデンルーム）は、住まいの拡張部分として捉えるだけでなく、屋外スペースの一部としても扱うことが重要です。母屋とコンサバトリーを結びつけ、さらにその先の庭園ともつながりを持たせて、年中居心地のいい空間になるように照明しなければなりません。年間を通じて過ごしたくなる空間こそが、照明効果が生かされたコンサバトリーといえるでしょう。

硬い床とガラス壁と天井に囲まれたコンサバトリーでは、照明の選択肢は限られています。ゆえにコンサバトリーの建築前に照明デザインをあらかじめ考えておけば、必要に応じて後からアレンジを加えて素敵な照明に仕上げることができます。

星明かり効果

ガラス張りの部分は真っ先に検討すべきポイントです。傾斜天井があれば、それを取り巻くアップスタンド（立ち上がり）のまわりに、小さなローボルトのカプセルライトやLEDの「スターライト」を均等に配置するといいでしょう。この照明法では100％点灯すれば空間に十分な明かりが届けられ、減光すれば優しくおだやかなきらめきが生まれるので、ガラス天井に特有の夜の暗さが緩和されます。

開閉可能なガラスルーフがついている時は、コンサバトリーで使用する照明器具はすべて防滴・防雨仕様にしてください。この場合、一般的なローボルトライトよりも光ファイバーやLEDライトのほうが適しています。

◀ **グレアフリーの輝き**
LEDミニスポットライトが、コンサバトリーのガラスルーフに優美なきらめきを添えています。ライトにはカウルがついているので、下方でグレアが生じにくい設計です。このように照明すれば、夜にガラスが鏡面のように見えることもありません。

▶ **効果的な連続性**
1列に配されたローボルトのアッパー／ダウンライトが、彩色された煉瓦の質感を際立たせ、空間に奥行きと広がりを与えています。

コンサバトリー | 231

▲ 照明でつなげて
入念にポジショニングしたケーブルライトで、テーブルの上のフラワーアレンジメントを華やかに照明。コンサバトリーの照明プランがエクステリアの明かりと調和して、統一感のあるハーモニーを奏でています。

センター部分の照明

　空間の中央にインパクトを与えるには、装飾的なペンダントがお勧めです。人目を引くフォーカルポイントになりますし、食卓を彩る大切な明かりをダイニングテーブルに届けてくれます。シンプルな漆喰のアッパー／ダウンブラケットや装飾的なウォールライトに白熱電球を取りつけて、床と天井の中間の高さに温かみのある光を投げかけましょう。ダイニングエリアではなく、ソファーエリアとしてデザインされたコンサバトリーには、テーブルスタンドやフロアランプが必要なので、フロアコンセントの適切な取付位置をプロットします。ぬくもりのある明かりを部屋の中心部に届け、人を迎え入れる使い勝手のいい空間をつくるには、おそらく以上のような方法が最も効果的でしょう。

極意　ベランダの照明

　ベランダの照明は、リビングルームに照明を施すようにデザインします。光を重ねることで、椅子に座ってくつろぐ美しい屋外空間をつくっていきましょう。この時、住まいの外観にも光を当ててください。

　正面ベランダの雰囲気づくりには、壁付けのランタンがぴったりです。温かみのある光で訪れる人を迎えつつ、ベンチまわりにアンビエントライトを届けてくれます。リビングでテーブルスタンドを使うように（168-169ページ参照）、ベランダでも屋外専用のシールドスタンドランプや有機的なフォルムのフロアスタンドを使えば、より素敵な雰囲気になるでしょう。ただし、玄関まわりがゴタゴタした印象にならないよう照明はすっきりと配置してください。

　ベランダに傾斜ルーフがついている場合は、ローボルトのスポットライトでルーフ裏を照らし上げ、建物のディテールにハイライトを当てましょう。この時、電球が見えないように照明器具を慎重にポジショニングしてください。

　触れても熱くない小型のLEDで支柱をライトアップしてフォーカルポイントをつくれば、エネルギー消費を抑えながら、空間におだやかな光の層を加えることができます。

屋外リビング

ウォールライトとアッパーライト、ダウンライトのコンビネーションが生み出す心地よい屋外空間。さまざまな照明が建物のディテールを浮かび上がらせ、椅子のあるくつろぎスペースに奥行きを与え、視線を空間の周縁部に引きつけています。

コンサバトリー（ガーデンルーム） | 233

◀ 温かくお出迎え
コンサバトリーの隅の絶妙な位置に置かれたフロアスタンドが、窓ガラスとソファーエリアを温かく仕切る光の衝立を提供しています。ストレッチワイヤーシステム（写真では見えない）のローボルトスポットライトでオブジェを照らして、陰影豊かな空間に。

▶ 陰影をつけて
コンサバトリーの天井照明に最適なのがストレッチワイヤーシステムです。写真では狭角のライトで、壁の錬鉄製オブジェを際立たせています。ランタン風ウォールライトが優しく落ち着いたアンビエント照明に。

特徴的なポイントをフォーカス

　ローボルトのスポットライトを巧みに配して、天井の構造をライトアップする方法もあります。この照明テクニックを使う時は、リモコントランスの設置位置を検討してください。

　床に埋め込んだアッパーライトで建物のエレメントを照らし上げ、フォーカルポイントをつくって、空間に奥行きを与えるのも素敵です。部屋の隅に観葉植物を置いている時は、ローボルトかLEDのライトをプランターに差して植物を照らし、葉影を壁に映して、空間に質感と深みを添えることもできます。最後に、裏庭や中庭などの照明法も検討しましょう。こうしたエクステリアスペースを照明すれば、夜にガラス面が真っ暗になるのを防ぐことができます。屋外の樹木やフォーカルポイントにライトを当てることで、視線が外に引きつけられるので、空間に広がりが生まれます。

コンサバトリーの照明のコツ

■ コンサバトリーを1年中使う予定であれば、温かみのある明かりで心地よい雰囲気にします。

■ 傾斜天井がついていたら、建物のディテールをライトで照らして、夜にガラスルーフが暗くて冷たい印象になるのを防ぎます。

■ コンサバトリーをリビングルームとして使う場合は、フロアコンセントを必ず取りつけて、低位置に設置した照明でぬくもりのある明かりをソファーまわりに届けましょう。

■ コンサバトリーで食事を楽しみたい時は、テーブルの上に装飾的なペンダントを取りつけます。ペンダントを吊り下げるには特殊な構造が必要になる場合もあるので、あらかじめ空間設計に盛り込んでおきましょう。

■ コンサバトリーの外の照明も忘れずに検討してください。庭園の1本の樹木をライトアップするだけでも、空間にアクセントが添えられます。

屋外スペース

庭やテラスの適切な位置に適切な照明を取りつければ、エクステリアだけでなく、隣接するインテリアスペースも見違えるように生まれ変わります。庭に巧みなライティングを施すことで、室内とひと続きになったような広がり感が生まれ、まるで庭に「部屋」がひとつ増えたような感覚を味わうことができます。

庭とテラス
水景設備の前に埋め込んだ防水仕様のローボルトスポットライト。光の揺らめきを演出しながら、ブラッシュドステンレスの薄板と、その上をおだやかに流れ落ちる水をかすめるようにライトアップしています。背後からの照明で影絵のような効果も。

庭のライティングは、リビングルームに照明を施す時と同じようにおこないます。まずは樹木や彫刻、季節に関係なく見栄えのするオブジェなど、光を当てたいフォーカルポイントを1つ以上選んでください。次に、家屋まわり——食事を楽しむ屋外エリアや、家屋から視線をそらすための庭の小道——に必要な照明デザインを考えます。さらに見頃になった草花を引き立てるために、バックグラウンド照明を植栽に施します。このアプローチは屋外スペースの広さに関係なく効果的です。

ガーデン用照明器具

まずは照明器具を選びましょう。すぐに動かせる器具を選んでフレキシビリティを最大限に高めれば、季節の変化にも対応できます。地面差込型の照明器具は、花壇や芝生に最適です。長さが3m以上のコードを用意すれば、季節の変化や植物の成長に応じて照明器具を動かすことができます。スパイク付きのローボルトライトかLEDスポットライトを使って、細く伸びた植え込みや木の幹を浮かび上がらせるのもいいですし、スパイク付きリフレクターランプ器具で広い植栽エリアを照らしたり、トピアリー（樹木を刈りこんでつくった造形物）や壁をライトアップしたり、ドラマティックな影をつくったりしても素敵です。大きめのオブジェや樹木など、高さや大きさが急には変わらないものをライトアップするには、地中埋設型器具が機能的で便利です。特に芝草を刈ったり、人が通ったりする場所にライトを取りつける時は、土に埋め込むタイプがいいでしょう。

屋外スペース | 235

◀ 内と外をつなげて

光を重ねたシンプルな照明で、空間をすっきり保ちながら建物のラインを強調。光を重ねることで、室内の明かりをエクステリアの照明にうまく取り入れています。プールの水中照明で光のアクセントをさらに添えて。

▼ 自然の質感

光の層が精妙に作用して、彫刻のフォーカルポイントを引き立てながら、心地よい屋外リビングスペースをつくりあげています。地面差込型ローボルトライトが樹木をライトアップして、自然の質感を織り込んだ背景幕をソファーエリアに提供しています。

色選び

庭で使用する照明器具の色は慎重に選んでください。照明対象にしっくり馴染む色でなければなりません。木の葉を照らす時は、暗めのオリーブグリーンがぴったりですが、黒や赤銅色も合うようです。いっぽう殺風景な庭では、低グレアタイプで、電球が直接見えない構造であれば、灯具自体が空間のアクセントにもなります。この場合はステンレス仕上げの器具が効果的です。

樹木のライティング

成木を照明すると、シンプルでありながら華やぎのある光のアクセントが生まれます。水銀灯で青白色の光を広い樹冠に投げかけて、おとぎ話のような幻想的な雰囲気をつくってみましょう。少し狭い庭には、ライトを木の枝に吊り下げてはいかがでしょう。長さの異なる複数のライトをランダムに吊り下げると、さらに効果的です。庭のリビングスペースでは、近年選択肢がますます増えている屋外専用ライト（リビングルームのランプのような役目を果たす差し込み式スタンドライトなど）を使うと、さらにムードが高まります。このタイプの器具は電解仕上げや316ステンレススチール仕上げなど、水中やエクステリア用にデザインされたものを選んでください。クオリティは耐久性に大きく影響しま

屋外スペース | 237

◀ 縦長ハイライト
下方に光を放つ壁付けのローボルトライト。狭角の光が質感豊かなスクリーンの魅力を最大限に引き立てながら、剪定されたツゲ生垣のダークな色合いを浮かび上がらせています。

▶ ミニチュアのミラクル
光が水景装置を滝のように流れ落ち、視線を引きつけています。プールの水面の明かりは水中から照らしているのではなく、上からの光が反射しているだけ。

▼ シャープなコントラスト
折り重なる光で、ガーデンテラスの硬く直線的な夜の風景に生き生きとした彩りを添えています。高さの異なる空間に光を当てて、さまざまなゾーンに視線を誘導。植栽をライトアップしているフレキシブルな地面差込型ローボルトスポットライトは、季節の変化に応じて照射方向が調整可能。

◀ ▲ ▶ さりげなく、おだやかに

葉影に隠したスパイク付きローボルトスポットとリフレクターで、生い茂る植栽を照らしてみずみずしいグリーンを強調。見えない位置に取りつけた屋外用スポットライトでテーブルを照らして（細かい部分は左の写真参照）、視線を着席エリアに引きつけています。

屋外スペース | 239

狭小スペースと色

　小さな庭でも、プランターにスポットライトをいくつか差し込んだり、ミニLEDアッパーライトを植木鉢の間に埋設したりするだけで、空間が生まれ変わることを覚えておきましょう。ドラマティックな効果を生み出すカラーライティングは、シャープで現代的な空間によりマッチします。庭を優しく扱い、光でペイントするように彩ることでベストな効果が引き出せます。光で引き立てるのは植栽などのポイントとなる部分であって、ライトそのものは目立たせないよう注意します。照明の素晴らしい庭とは、光源の存在をほとんど感じさせない庭なのです。

屋外スペースの照明のコツ

■ 屋外スペースの照明プランも、室内照明と同じようにおこない、光を重ねていきます。

■ フォーカルポイントを見つけて、そこに光を当てます。オブジェを照らして視線を引きつければ、庭やテラスのイメージアップにつながります。

■ 全方向から照明がどう見えるかを考えます。屋内の各階からの見え方も考慮しましょう。

■ 屋外スペースでは、小さなライトを1灯ともすだけで、空間に大きなインパクトが与えられます。効果を生むのに、多くの照明は必要ありません。

■ 安全性とメンテナンスは重要なポイントです。必ず屋外仕様の照明器具を使い、取付は専門業者に依頼しましょう。

ちょっとしたスペース

意外な場所に明かりを取り入れることで、素晴らしい効果が得られます。空間を彩りたくてもプランや配線を変更できない時は、味わいのあるディテールにハイライトを施すことで、さまざまな演出が楽しめます。

▲ 節電インパクト
ディスプレイラックに取りつけたライトで、パンチのきいた色のスパイスを。直管形蛍光灯を使っているので、財布に優しい演出です。ライトの光が色のついたガラス瓶を透過して、見る者の目を楽しませています。

　手っ取り早いのが、お気に入りの絵画や骨董品、彫刻を照明する方法です。ポータブルな差し込み式のライトを使うといいでしょう（58-59ページ参照）。テーブルトップに取りつけるクリップ式スポットライトか床置きのアジャスタブルアッパーライトで、フォーカルポイントや優しいシルエットをつくってみましょう。コンセントをなるべく多く設置するようアドバイスしてきたのはこのためです。コンセントが多いとフレキシビリティが高まり、空間を自由にアレンジできます。

先を見越して

　リビングルームかプレイルームに収納ユニットを取りつける予定がある時は、設置するユニットのタイプを具体的に決めていなくても、先に配線だけしておきます。こうすれば、予算ができた時に照明をすぐに取りつけられるでしょう。明かりを導入することで、作りつけの家具もソフトな印象になります。この時、棚板の厚みを考慮しておきましょう。後からライトを追加する場合は、座った位置からリニア光源が見えないよう40cm以上の遮光板を取りつける必要があります。書物とオブジェに230Vのリニア LED でハイライトを当てて、バックグラウンド照明を施すと効果的です。収納ユニットのリニア照明と、ダウンライトや棚下灯からの光だまりを組み合わせて、個々のオブジェを引き立てましょう。

デッドスペースの解消

　意外な場所に明かりを挿入することで、インパクトのある空間が生み出せます。たとえば、デッドスペースになりがちな半踊り場や階段の曲がり部分も、シンプル

▲ 優美なカーテンドレープ
カーテンを照明して、夜に「デッドエリア」になりがちな窓辺を華やかに演出。美しいファブリックの質感と色彩を引き立てつつ、反射させた光を空間に届けています。

ちょっとしたスペース | 241

▶ **季節に応じて**

埋込型ローボルトライトで煉瓦壁をライトアップ。ナチュラルな質感から最大限のインパクトを引き出しています。光を当てることで、夏でも暖炉がフォーカルポイントになっていることに注目。

◀ ▼ **細部に宿る至福**

限られたスペースに光をほんの少し加えるだけでインパクトが生まれます。埋込型アッパーライトで、鏡張りの暖炉を光の額縁に入れて（左）。差し込み式のスクエア型アッパーライト（下）が床の色に溶け込みながら、フォーカルポイントとしての暖炉の存在感をさりげなく際立たせています。

な方法で見違えるように生まれ変わるでしょう。1列に配したボックス型ニッチにコレクションやオーナメントや思い出の品々をディスプレイして、それをLEDの棚下灯で照らせば、空間が生き生きとよみがえります。ニッチ照明は常夜灯にもなりますし、どんよりとしていた空間に豊かな表情が添えられます。この照明法は、複数の地点——玄関ホールと上階の踊り場など——から見える場所には特に効果的です。

　ディテールに光を当てれば、四角い箱のように部屋が扱われることもなくなります。ムードや表情のある空間をつくるには、深みや質感をつくりあげていく必要がありますが、4枚のむき出しの壁に囲まれた空間からは深みや質感はけっして生まれません。思い切って空間の可能性を最大限に広げましょう。ニッチ、装飾、クラウンモールディング、窓台、ワインラック、棚、家具——あらゆるものが、部屋に光と息吹を与える絶好の機会を提供しています。

ディテールの照明のコツ

- ハイライトを当てたい特別なアイテムやポイントを選んで、そこに視線を集めるようにします。
- 収納ユニットや家具を新たに取りつける予定があれば、せっかくの機会なので、そこに照明を加えてみてはいかがでしょう。
- デッドスペースを見直して、空間を照明で変身させる方法を考えます。
- ボトルラックなどのごくありふれたエリアでも、適切な照明によって素晴らしいアクセントに変わります。大事なポイントなので覚えておきましょう。
- 四角い箱のような部屋でも、ニッチやスロットやアルコーブをつくり、そこに照明を取りつけて奥行きと質感を生み出すことで、雰囲気ががらりと変わります。

▲ 曲線美のシルエット
差し込み式のシンプルな卓上ローボルトスポットライトを床の適切な位置に配置。彫刻の白鳥の優美な曲線を背後から照らしてシルエットをつくり、視覚的なインパクトを与えています。

▶ 即席で虹色に
キャンドルを灯したタイル張りのニッチ。ローボルトのダウンライトが、印象的な虹色の反射光を生み出しています。

ちょっとしたスペース | 243

お気に入りのオブジェの照明

　ローボルトライトかLEDフットライトで、棚やブックケースに飾った彫刻や壺を照らします。光源は照明対象から適度な距離を開けて設置し、オブジェが熱くなりすぎないよう注意します。

単独のオブジェ

　差し込み式の卓上スポットライトを使って、局所的に光を当てます。幹線電圧用ライトにはさまざまなデザインのものが出回っていますが、熱を持ちやすいのが難点です。少し値が張りますが、熱を持ちにくい——つまり、より安全な——ローボルトライトを購入すれば、投資に見合う価値はあるでしょう。電球にレンズやルーバを取りつけて、光を和らげられるタイプもいろいろあります。ライトをあちこちに置いて、照明効果が最も高い設置位置を探してください。オブジェの前がいい時もありますし、横がいい場合や後ろがいい場合もあります。

▼ **怪しげな魚のオブジェ**
魚のユニークなディスプレイにハイライトを当てて、ライトアップされた暖炉とのバランスを取っています。頭上の広角の電球で立体的なオブジェをなでるように照らすことで、陰影のある独創的なフォーカルポイントに。

▲ **質感豊かなインパクト**
ごくシンプルな照明から、最高の効果が生まれます。天井に埋め込んだ狭角のスポットライトで化石のオブジェを照らすことで、最大級のインパクトを空間に与えています。強い光が化石の質感とナチュラルな螺旋のフォルムをくっきりと浮かび上がらせています。

コレクション

半埋込型のライトを使って、各ニッチにディスプレイされたガラスや陶器、写真のコレクションを照明すれば、没個性的になりがちな空間にも趣が加わります。オブジェをディスプレイしている棚にも同じアプローチが効果的です。床にランプを置くスペースがない時では、こうした棚下灯がテーブルスタンドやフロアランプの代わりになるでしょう。リニアLEDかローボルトの光源で、キャビネットや梁や棚の上のオブジェを背後から照らしても素敵です。

オブジェの照明のコツ

- ライトをいろいろな場所に置いてみて、光源から最大限の効果を引き出す設置位置を探してください。
- 建築化照明(壁や天井にライトを組み込む照明法)を導入できない時は、差し込み式ライトでオブジェを照らす方法もあります。覚えておきましょう。
- 照明対象のすぐ近くに光源を設置するのは禁物です。

▲ コンパクトにライティング

ランプの代わりにLEDの棚下灯で、思い出の品やコレクションを照明して美しくディスプレイ(上)。半踊り場にも同様の照明を施して、表情豊かなフォーカルポイントに(その下)。

ちょっとしたスペース | 245

絵画やイラスト、ポスター

　壁に掛けたアート作品を照明するにはいくつかの方法があります。ひとつは、天井に埋め込んだアジャスタブルローボルトスポットライトで最高の効果を引き出す方法。ローボルトライトには光の強度やビーム角の異なるさまざまなタイプがあるので、この光源を使うと選択肢が広がり、照明のフレキシビリティが高まります。他にも、直線形のピクチャーライト（トラディショナルなスタイルや現代的なスタイル）を壁に取りつける方法もあります。こうしたライトは壁にも絵画の後ろにも設置できます。自分の部屋や絵画に合う照明スタイルを決めかねている時は、とりあえず専門業者に依頼してコンセントを設置してもらいましょう。コンセントをウォールプレートでカバーするように頼んでおけば、スタイルが決まった時に器具を設置できます。装飾的なピクチャーライト――幹線電圧用あるいはローボルト――は天井埋込型のピクチャーライトに比べて照度が低いので、絵画の照明効果は若干劣りますが、部屋に独特の雰囲気が添えられます。

　劇的な効果を演出したい時は、フレーミングプロジェクターを使う手もあります。ローボルトのライトでアート作品を照らすので、それなりの費用がかかるかもしれませんが、作品の移動に合わせて、外したりつけ直したりできるので便利です。

絵画の照明のコツ

　ピクチャーライトでアートワークを照らして、1日のどの時間帯でも最高の状態で鑑賞できるようにしながら、クリアなフォーカルポイントをつくります。さらに部屋に豊かな表情を加えて、床と天井の中間の高さに光を届けます。最高の効果を実現するには、
■ ローボルトの高演色性ランプを選んで、絵画の色彩を忠実に再現しましょう。
■ 電球にルーバとレンズを取りつけて、光を正確にフォーカスさせます（67ページ参照）。
■ ライトのビーム角は絵画の大きさに合うものを使います。
■ ローボルトのピクチャーライトを使う時は、トランスの設置場所についても検討します。一般的に超薄型のトランスなら、絵の後ろにさりげなく隠すことができます。

▲ ▼ ▶ **ディテールのアート**
アートワークに光を当てるだけで、部屋にフォーカルポイントが生まれます。上と右の例では、それぞれの作品に合わせてデザインされたピクチャーライトを使用。いっぽう絵画の照明に最も効果を発揮するのが、天井に埋め込んだローボルトスポットライト（下）です。

用語集

LED（発光ダイオード）
LEDに電気が流れると、光子という形でエネルギーが放出される。LEDのチップは通常小さく（1㎟以下）、その放射光および反射光は集積光部品によって調整される。LEDには「低エネルギー消費」、「長寿命」、「高速応答性」という特徴がある。LEDはしばしば、光「エンジン」と呼ばれる。

色温度
可視光線の指標のひとつ。ほとんどの電球は「白い」光を放出するが、電球の色温度によって、心地よい「温かみのある」白から「冷たい」白までさまざまな白がある。通常、色温度はケルビン（K）という単位であらわされる。高い色温度（5,000K以上）は寒色系（青白）と呼ばれ、低い色温度は暖色系（黄色がかった白から赤）と呼ばれる。

壁付けのアッパーライト
壁に取りつけて上方に光を向ける照明器具。空間にソフトな間接光を届けるのに使われる（「床埋設型アッパーライト」の項も参照）。

幹線電圧電源
一般家庭用交流電圧（AC）電源。英国では240ボルトが一般的。

コンパクト型蛍光ランプ
水銀蒸気を励起するために電気を使用するガス封入ランプ。励起された水銀原子は、波長の短い紫外線を出し、それがガラス管の内壁に塗布された蛍光物質を励起して可視光線を発生させる。このタイプのランプは白熱ランプよりも、電力を有益な光に効率よく転換する。

スイッチ
「オン/オフ」をコントロールして、照明器具に電力を供給する装置。

スポットライト
照射方向を変えられる（アジャスタブルな）天井埋込型あるいは直付型の照明器具。

ダウンライト
天井に埋め込んだり天井面に直付けしたりして、下方に光を照射する照明器具。

調光器
電灯を通る電流を変化させて、明るさを調整する装置。

天井埋込型の照明器具
天井に埋め込むタイプの照明器具。

ドライバ
つねに安定した電圧/電流をLEDに供給して、安定した発光を維持する装置。

白熱ランプ
白熱発光（発光体が高温になった時に発光する現象を指す）を利用した電球。薄いフィラメントを電流が流れるとフィラメントが発熱し、一定の温度以上になると光が発生する。タングステンランプとも呼ばれる。

フロアウォッシャー
壁の低い位置や階段沿いの壁に組み込んで、床面や踏面を軽くなぞるように照らす器具。

床埋設型アッパーライト
床に埋め込んで、上方に光を照射する照明器具。通常、くっきりしたアクセント照明を施すのに使われる（「壁付けのアッパーライト」の項も参照）。

ローボルト照明
幹線電圧電源に供給される電圧（通常240ボルト）を12ボルトに下げるトランス（変圧器）を使用する照明システムあるいは照明プロダクト。

参考

国際照明デザイナー協会 (IALD)
(www.iald.org)
プロとして活躍している照明デザイナーおよび照明コンサルタントの国際組合。会員情報や連絡先などが掲載されている。

プロフェッショナル照明デザイナーズ協会
(www.pld-a.org)
主に建築照明デザインを手がけるプロの照明デザイナーの国際組織。米国に本部がある。優れた照明デザインの重要性を広く認識してもらい、プロの技術水準を維持することを目的としている。毎年、優秀な照明デザインには賞を授与してその功績を称えている。

サプライヤーリスト

Album srl
T: +39 (03) 9963 5452
F: +39 (03) 9596 3776
www.album.it

Anglepoise Ltd
T: +44 (0)2392 224 450
F: +44 (0)2392 385445
www.anglepoise.com

Artemide
T: +39 (02) 93518.1 – 93526.1
F: +39 (02) 93590254 – 93590496
www.artemide.com

Artemis Design Ltd
T: +1 (312) 421 8535
F: +1 (312) 988 7090
www.artemisdesign.net

Arturo Alvarez
T: +1 (732) 271 0700
F: +1 (732) 271 0702
www.arturo-alvarez.com

Astro Lighting
T: +44 (0)1279 427001
F: +44 (0)1279 427002
www.astrolighting.co.uk

AXO Light USA, Inc.
T: (203) 730 0452
F: (203) 730 0460
www.axolight.it

B Lux
T: +34 902 10 77 35
F: +34 902 10 77 96
www.grupoblux.com

Barovier & Toso
T: +39 (02) 7600 0906
F: +39 (02) 7640 8729
www.barovier.com

Bella Figura
T: +44 (0)1394 461 111
F: +44 (0)1394 461 199
www.bella-figura-us.com

Besselink & Jones
T: +44 (0)20 8689 9405
F: +44 (0)20 8665 0228
www.besselink.com

Best and Lloyd
T: +44 (0)20 7610 9191
F: +44 (0)20 7610 9193
www.bestandlloyd.com

Bloom Bloempot
T: +31 (0)2355 12852
F: +31 (0)2355 12853
www.bloomholland.nl

Boyd Lighting
T: +1 (415) 778 4300
F: +1 (415) 778 4319
www.boydlighting.com

Cameron Peters Fine Lighting Ltd
T: +44 (0)1235 835 000
F: +44 (0)1235 835 005
www.cameronpeters.co.uk

Christopher Wray
T: +44 (0)20 7751 8701
F: +44 (0)20 7731 3507
www.christopherwray.co.uk

CTO Lighting
T: +44 (0)20 7686 8700
F: +44 (0)20 7686 8701
www.ctolighting.co.uk

Davey Lighting Ltd
T: +44 (0)1394 386768
F: +44 (0)1394 387228
www.davey-lighting.co.uk

David Wilkinson
T: +44 (0)20 8314 1080
F: +44 (0)20 8690 1524
www.wilkinson-plc.com

Decodame
www.decodame.com

Delta Light
T: +44 (0)870 757 7080
F: +44 (0)20 7620 0985
www.deltalight.co.uk

Diffuse Limited
T: +44 (0)1462 638 331
F: +44 (0)1462 638 332
www.diffuse.co.uk

Eglo Leuchten GmbH
T: +43 5242 6996 0
F: +43 5242 6996 938
www.eglo.com

Flos
www.flos.it

Foscarini
T: +39 (04) 1595 3811
F: +39 (04) 1595 3820
www.foscarini.com

Heathfield & Co
T: +44 (0)1732 350450
www.heathfield.co.uk

Hector Finch
T: +44 (0) 20 7731 8886
www.hectorfinch.com

Inspired by Design
T: +44 (0)161 278 2094
F: +44 (0)871 288 2843
www.inspired-by-design.co.uk

Jim Lawrence Traditional Ironwork
T: +44 (0)1473 826 685
F: +44 (0)1473 824 074
www.jim-lawrence.co.uk

John Cullen Lighting
T: +44 (0)20 7371 5400
F: +44 (0)20 7371 7799
www.johncullenlighting.co.uk

Kevin Reilly
T: +1 (773) 235 8909
www.kevinreillylighting.com

La-Lou Ltd
T: +44 (0)20 7736 0030
F: +44 (0)20 7736 8630
www.la-lou.com

Light Projects Ltd
T: +44 (0)20 7231 8282
F: +44 (0)20 7273 4342
www.lightprojects.co.uk

Louis Poulsen
T: +44 (0)208 397 4400
F: +44 (0)208 397 4455
www.louispoulsen.com

Louise Bradley
T: +44 (0)20 7589 1442
F: +44 (0)20 7751 0882
www.louisebradley.co.uk

Mathmos Ltd
T: +44 (0)20 7549 2700
F: +44 (0)20 7739 4064
www.mathmos.com

Mr. Light
T: +44 (0)20 7352 8398
F: +44 (0)20 7351 3484
www.mrlight.co.uk

Ochre
T: +1 (212) 414 4332
F: +1 (212) 219 1161
www.ochre.net

Oluce
T: +39 (02) 9849 1435
F: +39 (02) 9849 0779
www.oluce.com

Orchid
T: +44 (0)20 7384 2443
F: +44 (0)20 7013 0701
www.orchidfurniture.co.uk

Original BTC
T: +44 (0)1993 882 251
F: +44 (0)1993 882 424

Period Style Lighting
T: +44 (0)1992 554 943
www.periodstylelighting.co.uk

Porta Romana
T: +44 (0)1420 23005
F: +44 (0)1420 23008
www.portaromana.co.uk

Precision Lighting Ltd
T: +44 (0)20 8947 6616
F: +44 (0)20 8286 6626
www.precisionlighting.co.uk

Quasar Holland B.V
T: +31 183 447887
F: +31 183 448337
www.quasar.nl

Quoizel
T: +1 (631) 273 2700
F: +1 (631) 231 7102
www.quoizel.com

Rejuvenation
T: +1 (888) 401 1900
F: +1 (800) 526 7329
www.rejuvenation.com

Robert Abbey Inc
T: +1 (866) 203 5392
F: +1 (815) 366 0385
www.robertabbey.com

Sander Mulder
T: +31 (0)40 21 22 900
F: +31 (0)40 21 29 902
www.sandermulder.com

Secto Design
T: +35 8 9 505 0598
F: +35 8 9 547 52535
www.sectodesign.fi

Studio Italia Design
T: +1 (305) 621 9602
F: +1 (786) 513 3721
www.sid-usa.com

Studio/Louise Campbell
T: +45 33 11 80 06
www. louisecampbell.com

Tecnolumen
T: +49 (0) 421 430 417 – 0
F: +49 (0) 421 4986 685
www.tecnolumen.de

Terzani USA, Inc
T: +1 (954) 438 7779
F: +1 (954) 438 7566
www.terzani.com

The Conran Shop
T: +44 (20) 7589 7401
F: +44 (20) 7823 7015
www.conranshop.co.uk

The English Lamp Company
T: +44 (0)1328 878 586
www.englishlampcompany.com

The Oil Lamp Store
www.theoillampstore.com

Tindle Lighting
T: +44 (0)20 7384 1485
F: +44 (0)20 7736 5630
www.tindle-lighting.co.uk

Tobias Grau
T: +49 (0)40 3003 5831
F: +49 (0)40 3003 5782
www.tobias-grau.com

Valerie Wade
T: +44 (0)20 7225 1414
www.valeriewade.com

Vaughan
T: +44 (0)20 7349 4600
F: +44 (0)20 7349 4615
www.vaughandesigns.co.uk

Wever & Ducre
T: +32 5123 2440
F: +32 5122 9703
www.wever-ducre.com

William Yeoward
T: +44 (0)20 7349 7828
www.williamyeoward.com

Yamagiwa Usa Corporation
T: +1 (818) 879 8611
F: +1 (818) 879 8640
www.yamagiwausa.com

Zero
T: +46 (0)481 800 00
F: +46 (0)481 140 00
www.zero.se

索 引

イタリック体の数字は図や写真のページを示しています。

LED　25, *25*, 27
　色合い　112
　階段吹き抜け用　*183*
　ストリップライト　*21*
　スポットライト用　75
　配線ダクトに使用　84
　フレキシブル　20
　フロア照明用　100

あ

アートワーク：
　スポットライトで　*29*, *84*, *95*, *98*
　天井のスポットライトから　*71*
　ライティング　73-74, 84, 88, *186*, 193, *193*, 245, *245*
アッパー/ダウンライト　95
アッパー/ダウンライト　90-95, *90-95*
　するべきこと/してはいけないこと　92
アッパーライト：
　LED　*100*
　オブジェの後ろ　*15*
　壁付け　14, 90-95
　照明器具　*96-97*
　地中埋設型　*29*
　取付型　*78*, 79-80
　梁取付型　40, *78*, 79
　ユーティリティルーム　20, 207
　床埋設型　*21*, 96-100, *96-101*
　ローボルト　39
安全性の情報　61
色　23, *37*
　色温度　22, *23*
　屋外　236, 239
　色彩の導入　60-61, *60-61*

タイルの色　226
特殊効果　128-130, *128*, *129*
バスルーム　220-222
ホームジム　224, *225*
陰影：
　陰影の重要性　10, 14-15
　鏡の照明で陰影の除去　120
ウォーターフォール・コントロール　*44*
エッジ：和らげる　104-106
エントランス　174-177, *174*
オープンプランのリビングスペース　40, 196-198, *196-199*
　コントロールシステムの設置　198
　視覚的な仕切り　197
　照明回路　196-197
　重層的な照明　197, 198-199
屋外　234-239, *234-239*
　カラーライティング　*133*
　照明器具　234-236
　照明の安全性　239
　重層的な照明　235, *237*
　スイミングプール　228, *229*
　スロット照明　117, *117*
　防雨・防水照明器具　168, *168-169*
踊り場　178, *179*, *180*, 181-182
　スイッチの位置決め　181-182
オブジェ：
　照明　58, 243, *243*
　ダウンライト　*65*
　光を交差　*114*

か

カウル：グレアカウル　77
カーテン：照明　*74*, 194, *214*, *240*
階段　40, 41, 178-183
　スイッチの位置決め　181-182

調光器　182
手すりの照明　179, *179*
階段状：照明　209-210
鏡の照明　14, 74-75, 118-122, *118-123*
　間接照明　*120*
　化粧室　212, *212*
　照明器具　118-119
　するべきこと/してはいけないこと　122
　ドレッシングルーム　216
　バック照明　*220*
限られたスペース：照明　179-180
拡散光　14
間接照明　102-106, *102-107*
　鏡の照明用　*120*
　照明器具　102-103
　するべきこと/してはいけないこと　105
家具：
　家具下照明　*31*, *50*, 106, *106*, *107*
　ライトの取付　38-39
ガラス：光を透過　103
キックプレート：照明　99, *191*
キッズ照明　164, *164-165*
キッチン　16-18, *18*, *85*, 188-191, *188-191*
　既存の照明プランのアレンジ　38-39, *38*
　ケーブルスポットライト　86, *87*
　光源を重ねて　*33-37*, *41*
　タスク照明　*125*, 188, 189-190, *189*
　フロアウォッシャー　99, *191*
　プラン　*32*
クローゼット：アジャスタブルスポットライト　*71*

クローゼット：照明　*71*
　間接照明　*102, 104, 113*
　スロットとニッチの照明　*116*, 117
　タスク照明　125-126, *126*
　調光器の使用　*217*
　読書灯　125-126, *126*, 214-216, *214*
　ニッチ照明　*116*, 117
　ヘッドボードのダウンライト照明　*69*
蛍光灯　20
　直管形蛍光灯　*38*
蛍光ランプ　22, 23, *23*
　カラーライティング　23
化粧室　212-213, *212-213*
コーナー：照明　58
コーブ照明　108-112, *108-113*
　光源　110-112
　するべきこと/してはいけないこと　111
　設置場所　108-109
光源：
　光源選び　22-25
　光源の位置決め　28-29
　光源のコントロール　42-45
　光源を重ねて　30, *30-37*
　差し込み式の光源　58-59
子供部屋　200-201, *200-201*
　タスク照明　200-201
　光の重ね合わせ　30
　ユニーク照明　164, *164-165*
コファー照明　108-112, *108-113*
　光源　110-112
　するべきこと/してはいけないこと　111
　設置場所　108-109
コレクション：照明　244, *244*
コンサバトリー　230-233, *230-233*
　屋外とのつながり　231, 232, *233*
コンパクト型蛍光(CF)電球　26, *26*
コンロ上のフード　*190*

さ

作業スペース　124-125, *124*
シーリングライト　144, *144-145*
シェード：
　色　*27*
　形と大きさ　56, *57*
　交換　54-57
　選択　55
自然光　48-51
質感：強調　29, 75, *243*
シャワー室：
　間接照明　102
　ダウンライト　*77*, 218-220
　ニッチ　*220*
　ぼかし　*221*
シャンデリア：光の交差　18
省エネコントロール　45
省エネ照明　26-27
省エネ電球　27
照明：
　今あるものを最大限に生かす　46-61
　省エネ照明　26-27
　次世代の照明　8-9
　優れた照明プランの基本　9
　取付型　76-81
　部屋ごとのニーズに合わせて　16-21
照明でアクセント　39
正面玄関：照明　172-173, *172-173*
植栽：照明　*237, 238, 239*
書斎　20
直付型ライティング　76-80, *76-81*
　コツ　80
　照明器具　*76-77*
　するべきこと/してはいけないこと　80
自動コントロール　45
重層的な照明　16, 17, *28*, 30, *30-37*
重層的な照明　*28, 187*
　鏡の照明　*122, 123*

既存の照明プランのアレンジ　38-39
　照明層の使い分け　40-41
　プラン　32
樹木：ライティング　*236*
スイッチ　42-43, *42-43*
スイミングプール　226-228, *226-229*
スケッチ　30
スタンダードなランプ　16
ステップウォッシャー　96, *96, 100, 174, 180, 181*
　ワインセラーへの階段用　206
ストレッチワイヤーシステム　86-88, *86-89*
　照明器具　*86-87*
　するべきこと/してはいけないこと　88
スポットライト　*17*
　アジャスタブル　14, *15, 18*
　位置決め　72
　埋込型　70-75, *70-75*
　絵画の照明　*29, 84, 95, 98*
　仕上げ　65
　照明器具　*70-71*
　照明器具の選択　70-71
　スポットライト用LED　*75*
　するべきこと/してはいけないこと　72
　天井埋込型　18, *18*
　電球　71-72
　トランス　79
　取付型　76-79, *77*
　梁に設置　40
　ビーム角　*70*
　レンズの使用　73
　ローボルト　79
スロット照明　115-117
スロット照明　114-117, *114-117*
　するべきこと/してはいけないこと　117
赤外線反射膜付き(IRC)電球　26, 79

切妻天井　40, *89*
狭いスペース　84-85
洗面ユニット：
　下のライト　*218*
　照明　212, *213*
ソファー：照明　184-185

た

タイル：
　ダウンライト　*65*
　光を反射　*101*
タスク照明　20, 35, 124-127, *124-127*
　キッチン用　125, 188, *188*, 189-190
　子供部屋用　200-201
　照明器具　*124-125*
　するべきこと/してはいけないこと　126
　ホームオフィス用　202-204, *202-204*
建物のディテール　ハイライト　39, 232
棚：間接照明　103-104, *103*, *104, 105*
ダイニングテーブル：照明　192-193, *193*
ダウンライト：
　埋込型：固定式　64-68, *64-69*
　壁付　*29*, 90-95
　器具　*64*
　効果　*64*
　照明プラン　66
　するべきこと/してはいけないこと　68
　天井埋込型　*14*
　ビーム角　*64*, 66, *66-67*
　ミニダウンライト　*15*
段違い平面のアパートメント　41
暖炉：フォーカルポイントとして　*98*, *241*
調光器　20, 30, 61
　押しボタン式　42-43
　階段用　182

重層的な照明　30, *194*
ダイニングルーム　18, *19*, 192-194, *192-195*
マニュアル式　42
四隅のライト　193-194
調光システム　42-45, *45*
　省エネコントロール　45
　総合ホームオートメーション　45
　調光器　42-43
　ホールハウス調光システム　44
　ワイヤレスシステム　44
　ワンルームコントロール　44
彫刻：照明　78, *94*
常夜灯　*97*, 100, *101*
テーブルスタンド　16, *16*, 20
　クラシック　154, *154-155*
　コンテンポラリー　156, *156-159*
　トラディショナル　160, *160-161*
邸宅のファサード：ライトアップ　*172*
天井：
　照明　109-110
　するべきこと/してはいけないこと　111
　吊り天井　*108*, 111
天窓　50, *86*
ディスプレイユニット：照明　*72*, 85, *191*
デスクランプ　162, *162-163*
デッドスペース：解消　240-242
電球：
　交換　52, 53
　種類　22-24, *22-24*, 26-27, *26-27*
　スポットライト用　71-72
　販売禁止　22
特殊効果照明　128-133, *128-133*
　するべきこと/してはいけないこと　133
トランス：
　位置決め　79, 82-83
読書灯　18-20, 125-126, *126*, *127*
ソファーまわり　184, *184*

ドレッシングテーブル：照明　217
ドレッシングルーム　216, *216*

な

中庭　*29*
納屋の改装　80
ニッチ照明　20, *21*, 114-117, *114-116*
　するべきこと/してはいけないこと　117
　ダウンライト　65, *68*
庭　234-239, *234*, *238, 239*
　照明器具　234-236

は

配線ダクト照明　82-85, *82-85*
　照明器具　*82-83*
　選択　82-84
　ローボルト　82-83
白熱電球　22, *22*
　アッパーライト用　79
ハロゲンランプ　24, *24*
反射：
　利用　9, 14
バーキャビネット　79
バスルーム　20, *21*, 218-223, *218-223*
　アッパー／ダウンライト　*91*
　鏡　*118, 119, 219*
　間接照明　112
　重層的な照明　30, *222-223*
　スロットとニッチ　*114*, 115, *115*
　タスク照明　125-126, *125*
　電灯の安全性　222
　浴槽まわりのアッパーライト　220
光：
　光のマジック　8
　光の理解　14-15
光ファイバーシステム　25, *25*
冷陰極蛍光灯　111
ビーム角　34
ピクチャーライト　166, *166-167*

254　索引

フォーカルポイント：
　オープンプランリビング 197-198
　屋外　234, *235, 239*
　引き立て　175-176
　リビングルーム　185-186
吹き抜け階段　181-182
吹き抜けスペース　40-41, 80, 81, *88, 89*
フレーミングプロジェクター：使用　74
フロアウォッシャー　29, 40
　壁埋込型　96-100, *96-101*
　照明器具　*96-97*
　するべきこと/してはいけないこと　99
フロアスタンド：
　クラシック/トラディショナル　150, *150-151*
　コンテンポラリー　152, *152-153*
フロアスタンド　20
ブラケット　17, 18, *18*
　アッパーライト　90-95, *90-95*
　クラシック/トラディショナル　148, *148-149*
　コンテンポラリー　146, *146-147*
　スイングアーム　185
　ダウンライト　90-95, *90-95*
プラニング：先を見越して　240
プレイルーム　20
　LEDアッパーライト　*100*
　差し込み式ライト　58-59
　照明　200, *201*
　ホームシアターと兼用　210
部屋：ニーズに合わせた照明 16-21
ベッドサイドランプ　125-126, *126*, 214-216, *214*
ベッドルーム　18-20, *20*, 214-217, *214-217*
　子供用　*200*
　光の重ね合わせ　30
ベランダの照明　232, *232*

ペンダント：
　クラシック　136, *136-137*
　コンテンポラリー　138, *138-141*
　トラディショナル　142, *142-143*
ホームオフィス　20, 202-204, *202-205*
　兼用スペース　204, *204*
ホームシアター　208-211, *208-211*
　兼用　210, *210*
　コントロールシステム　210-211
ホームジム　224-225, *224-225*
星明かり効果　230
星空効果　*130, 131*, 132-133, 208-209
防火フード　*64*
ポーチ：照明　172-173, *172-173*

ま

窓　*48*
　アッパーライト　*97*, 194
　階段の窓　180
　スポットライト　*74*, 75
　夜の窓　50, *50*
水景設備：強調　237
ムード：光とムード　10, 15

や

床埋設型アッパーライト　96-100, *96-101*
　照明器具　*96-97*
　するべきこと/してはいけないこと　99
ユニーク照明　164, *164-165*

ら

リニア照明：間接照明　31, *36, 37*
リビングルーム　16, *17*, 184-187
ルーバ　67
ルーフライト　*49*
ルーメン　23
レンズ　67

廊下（玄関ホール）　16, *16*, 29, 51, 174-177, *175-177*
　重層的な照明　*40*, 174, *175*
　スポットライト　*77*
　吊り天井　*111*
ロフト　41
ロフトの改装　80

わ

ワインセラー　206-207, *206-207*
ワット　23

ガイアブックスは
地球の自然環境を守ると同時に
心と身体の自然を保つべく
"ナチュラルライフ"を提唱していきます。

The Lighting Bible
New 住まいのライティング

発　　　行　2011年9月10日
発 行 者　平野　陽三
発 行 元　**ガイアブックス**
〒169-0074 東京都新宿区北新宿 3-14-8
TEL.03(3366)1411　FAX.03(3366)3503
http://www.gaiajapan.co.jp

発 売 元　産調出版株式会社

Copyright SUNCHOH SHUPPAN INC. JAPAN2011
ISBN978-4-88282-802-0 C3054

落丁本・乱丁本はお取り替えいたします。
本書を許可なく複製することは、かたくお断わりします。
Printed in China

著者：
ルーシー・マーティン (Lucy Martin)
世界各地の高級住宅プロジェクトでライティングプランを手がける照明デザイナー。KLCスクール・オブ・デザインでのコース終了後、1995年、〈ライティング・デザイン・インターナショナル〉で照明デザイナーとしてデビュー。1997年、〈ジョン・カレン・ライティング〉に移籍し、デザインディレクターに就任。英国各地のデザインスクールで講師も務める。2005年には、ロンドンの個人邸宅で手がけた照明デザインが認められ、ナショナル・ライティングデザイン・アワード住宅賞を受賞した。

監修者：
近田 玲子 (ちかだ れいこ)
照明デザイナー。近田玲子デザイン事務所代表。東京芸術大学美術学部卒業後、石井幹子デザイン事務所で照明デザインに従事。1986年に近田玲子デザイン事務所を設立。多くの環境照明、建築照明、住宅照明を手がけ、国内外で多くの受賞歴を持つ。共著書に『住まいのカルテット』(萌文社)、『照明デザイン入門』(彰国社)、監修書に『照明事典』(産業調査会)がある。

翻訳者：
田中 敦子 (たなか あつこ)
大阪大学文学部美学科卒業。専攻は東洋美術史。フィクションからノンフィクションまで幅広いジャンルの翻訳を手がけている。訳書に『ガラスの家』(産調出版)、『アリの背中に乗った甲虫を探して』(ウェッジ)など。

Credits

JOHN CULLEN
created most of the lighting designs featured in this book with their award winning design team. We would like to thank them for the use of their images and the use of their unique showroom demonstrating both products and effects.

www.johncullenlighting.co.uk.

a = above; b = bottom; c = center; l = left; r = right; t = top.

Designers:
LOUISE BRADLEY INTERIORS p.11, 55b, 59t, 72-73, 93, 127, 184, 189

AJB INTERIORS p.16, 44, 67, 107t, 112, 132, 185, 203

CARNEGIE CLUB/VICTORIA FAIRFAX INTERIORS p.17

CLAIRE WILLIAMS INTERIORS p.19, 68, 115, 116t, 119, 199, 243, 244t

LBR INTERIORS p.2, 21t, 71, 178, 186-187, 195, 200-201, 204-205, 210-211, 217, 220b, 224, 244b

CHARLOTTE ROWE GARDEN DESIGN p.29t, 237

VIVIEN LAWRENCE DESIGN p.21b

SARAH KING DESIGNS p.29b, 175

TAYLOR HOWES DESIGNS p.31, 50, 54b, 105l, 213b

STEPHEN FLETCHER ARCHITECT p.69, 92t, 220

ALISON HENRY DESIGN p.78, 207

TODHUNTER EARLE p.87, 208, 216, 221

THE INTERIOR COMPANY p.227

STUDIO AZZURO p.95

SYLVIA LAWSON JOHNSON p.111

CHRISTOPHER WRAY (all lamps) p.53

Quarto would like to thank the following photographers. Lighting designs by John Cullen:

JAMES CAMERON p.29, 42-43 49t, 51, 86, 91t, 92b, 107b, 109, 117, 125, 173, 180r, 181, 183l, 197, 213t, 219t, 235, 237, 238, 239

LUKE WHITE p.16, 44, 61, 67, 87, 107t, 112, 132, 185, 203, 208, 221, 236

ANDREW BEASLEY p.19, 40, 68, 115, 116t, 119, 179r, 182, 191, 199, 202, 218, 219b, 228, 243, 244

PHIL WILKINS/QUARTO p.2, 8, 9, 11, 14-15, 21a, 27, 29b, 33-37, 39b, 42a-43a, 53, 55b, 58cr, 59t, 59br, 65a&c, 66, 67b, 71t, 71c, 72, 73, 82, 101, 102a, 120-121, 124a, 125br, 127t&br, 128-129, 178, 184, 186-187, 188-189, 195, 200-201, 204b, 205, 209-211, 217, 220t, 224, 241b, 242b, 244b

Additional images supplied by John Cullen and designed by the team:
p.1, 9, 10t, 18, 20, 27, 28, 38, 39, 41, 48, 55bl, 57, 58r, 59br&l, 60b&r, 65, 74-75, 78-79, 81, 88-89, 94-95, 97-104, 106, 108, 110, 113-114, 118, 120, 122-125b, 126, 130-131, 133, 172t, 175-177, 179, 180l, 182, 183r, 188, 190, 192-193, 196, 204t, 206, 212, 214-215, 223, 225-226, 228, 230, 232t, 233, 240-242l, 245

Agencies and manufacturers featured throughout the book:
Roblon p.25; Forbes & Lomax p.42-43b; Lutron p.45ar, p.61; iLight p.45al/br; Crestron 45cm, 45bc; Rako Controls 45bl; Louis Poulsen 55t; Heathfield 55br; FLOS p.58; Encapsulite p.60; Precision Lighting p.67, 82-83, 84-85; Ingo Maurer p.87r; Tim Street Porter p.172r; Arcaid p.174; Corbis p.229t; Red Cover p.231t; Alamy 232b

Quarto would also like to thank the manufacturers and designers, credited in the captions, who supplied photographs of the light fixtures featured in Part 4. Contact details are listed under Suppliers. Special thanks are due to Cameron Peters for the supply of images.

All other images are the copyright of Quarto Publishing plc. While every effort has been made to credit contributors, Quarto would like to apologize should there have been any omissions or errors and would be pleased to make the appropriate correction for future editions of the book.

Project Editor: Cathy Meeus
Art Editor: Moira Clinch
Designer: Karin Skånberg

Picture researchers: Sarah Bell and Sarah Roberts
Photographer: Phil Wilkins
Illustrator: John Woodcock
Art Director: Caroline Guest
Proofreader: Claire Waite Brown

Indexer: Dorothy Frame
Invaluable assistance from Corinne Masciocchi, Sally Bond, Susi Martin and Jo Godfrey Wood

Creative Director: Moira Clinch
Publisher: Paul Carslake